纪检监察派驻制度的历史变迁

张思怡 著

九州出版社
JIUZHOUPRESS

图书在版编目（CIP）数据

纪检监察派驻制度的历史变迁/张思怡著．—北京：九州出版社，2024.1

ISBN 978-7-5225-2577-8

Ⅰ.①纪…　Ⅱ.①张…　Ⅲ.①中国共产党—纪律检查—制度建设—研究　Ⅳ.①D262.6

中国版本图书馆 CIP 数据核字（2024）第 034823 号

纪检监察派驻制度的历史变迁

作　　者　张思怡　著
责任编辑　石增银
出版发行　九州出版社
地　　址　北京市西城区阜外大街甲 35 号（100037）
发行电话　（010）68992190/3/5/6
网　　址　www.jiuzhoupress.com
电子信箱　jiuzhou@jiuzhoupress.com
印　　刷　永清县晔盛亚胶印有限公司
开　　本　787 毫米×1085 毫米　16 开
印　　张　11.25
字　　数　153 千字
版　　次　2024 年 2 月第 1 版
印　　次　2024 年 2 月第 1 次印刷
书　　号　ISBN 978-7-5225-2577-8
定　　价　58.00 元

前　言

2022年6月，中共中央办公厅印发《纪检监察机关派驻机构工作规则》，以全面规范纪检监察机关派驻机构工作。根据《中国共产党纪律检查委员会工作条例》和《中华人民共和国监察法》，《纪检监察机关派驻机构工作规则》全面规范纪检监察机关派驻机构的领导体制、组织设置、工作职责、履职程序以及管理监督，着眼健全系统集成、协同高效的派驻监督体制机制，推进派驻机构工作规范化、法治化、正规化，推动新时代派驻监督工作高质量发展。

面对纪检监察派驻制度的规范留白与实践需求，目前亟须在理论研究、规范指导、实践探索三个层面全面提升纪检监察派驻制度建设水平，而探寻纪检监察派驻制度的演变过程无疑是最基础的选择。第一，探寻纪检监察派驻制度的演变过程，有利于梳理清晰的纪检监察派驻制度的发展脉络。第二，探寻纪检监察派驻制度的演变过程，有利于总结纪检监察派驻制度的发展规律。第三，探寻纪检监察派驻制度的演变过程，有利于为新时代完善纪检监察派驻制度提供新路径。

依据纪检监察派驻制度的发展轨迹，本书共分为五章。第一章阐释纪检监察派驻制度的初步探索阶段的发展演变，包括行政监察派驻制度的初步探索阶段、党内监察派驻制度的初步探索阶段与检察派驻制度的初步探索阶段；第二章阐释纪检监察派驻制度的恢复重建阶段的发展演变，包括党内纪检派驻制度的恢复阶段、行政监察派驻制度的恢复阶段与乡（镇）检察室试行阶段；第三章阐释纪检监察派驻制度的合署办公改革阶段的发展演变，包括中央纪检、国务院监察部派驻机构合署办公改革阶段，加强派驻纪检、监察机构管理阶段与加强派驻检察室建设阶段；第四章阐释纪检监察派驻制度的统一管理改革阶段的发展演变，包括纪检监察派驻制度的统一管理改革试点阶段、统一管理改革实施阶段、统一管理改革修正阶段与加强派出检察室建设阶段；第五章阐释纪检监察派驻制度的全覆盖派驻改革阶段的发展演变，包括中央一级全面派驻改革阶段、全面派驻改革阶段与检察派驻机构扩充建设阶段。

本书在写作过程中参考了众多专家学者的研究成果，在此表示诚挚的感谢！由于时间和精力的限制，本书内容难免存在疏漏之处，恳请广大读者予以批评指正！

目　　录

绪　　论

一、研究背景

（一）完善党和国家监督体系

2017 年 10 月 18 日，习近平总书记在中国共产党第十九次全国代表大会上作了题为《决胜全面建成小康社会　夺取新时代中国特色社会主义伟大胜利》的报告。其中在“坚定不移全面从严治党，不断提升党的执政能力和领导水平”部分，强调“深化国家监察体制改革，将试点工作在全国推开，组建国家、省、市、县监察委员会，同党的纪律检查机关合署办公，实现对所有行使公权力的公职人员监察全覆盖”，以此来健全“党统一指挥、全面覆盖、权威高效”的“党和国家监督体系”。[①]

2019 年 10 月 31 日，中国共产党第十九届中央委员会第四次全体会议通过《中共中央关于坚持和完善中国特色社会主义制度　推进国家治理体系和治理能力现代化若干重大问题的决定》。在“坚持和完善党和国家监督体系，强化对权力运行的制约和监督”部分，强调“深化纪检监察体制改革，加强上级纪委监委对下级纪委监委的领导，推进纪检监察工作规范化、法治化”。在“完善派驻监督体制机制”的同时，“推进纪律监督、监察监督、派驻监督、巡视监督统筹衔接”，以全面完善党和国家监督制度，健全“党统一领导、全面覆盖、权威高效”的“党和国家监督体系”，进而全

---

① 参见习近平：《决胜全面建成小康社会，夺取新时代中国特色社会主义伟大胜利》（2017 年 10 月 18 日），载中共中央文献研究室编：《十九大以来重要文献选编（上）》，中央文献出版社 2019 年版，第 43—50 页。

面推进国家治理体系和治理能力现代化。[①]

2022年10月16日，习近平总书记在中国共产党第二十次全国代表大会上作了题为《高举中国特色社会主义伟大旗帜　为全面建设社会主义现代化国家而团结奋斗》的报告。在“坚定不移全面从严治党，深入推进新时代党的建设新的伟大工程”中，提出“坚持以严的基调强化正风肃纪”“坚决打赢反腐败斗争攻坚战持久战”，并要求“健全党统一领导、全面覆盖、权威高效的监督体系，完善权力监督制约机制，以党内监督为主导，促进各类监督贯通协调，让权力在阳光下运行”，以“完善党的自我革命制度规范体系”，从而全面推进中国式社会主义现代化国家建设。[②]

（二）持续深化国家监察体制改革

2016年11月至12月，依据《关于在北京市、山西省、浙江省开展国家监察体制改革试点方案》和《全国人民代表大会常务委员会关于在北京市、山西省、浙江省开展国家监察体制改革试点工作的决定》，以党内政治决议——全国人大常务委员会授权的方式，在北京市、山西省、浙江省启动国家监察体制改革的试点工作。[③]

2017年10月至11月，依据《关于在全国各地推开国家监察体制改革试点方案》和《全国人民代表大会常务委员会关于在全国各地推开国家监察体制改革试点工作的决定》，以党内政治决议——全国人大常务委员会授权的方式，在全国范围内全面推开国家监察

① 参见《中共中央关于坚持和完善中国特色社会主义制度　推进国家治理体系和治理能力现代化若干重大问题的决定》（2019年10月31日中国共产党第十九届中央委员会第四次全体会议通过），载中共中央文献研究室编：《十九大以来重要文献选编（中）》，中央文献出版社2021年版，第295—296页。

② 参见习近平：《高举中国特色社会主义伟大旗帜　为全面建设社会主义现代化国家而团结奋斗——在中国共产党第二十次全国代表大会上的报告》，载《求是》2022年第21期。

③ 参见《中共中央关于在北京市、山西省、浙江省开展国家监察体制改革试点方案》（2016年11月）。

《全国人民代表大会常务委员会关于在北京市、山西省、浙江省开展国家监察体制改革试点工作的决定》，2016年12月第十二届全国人大常委会第二十五次会议通过。

体制改革探索实践。[①]

第十三届全国人民代表大会第一次会议于 2018 年 3 月 11 日对《宪法》（1982 年）进行了第五次修正，以宪法修正案的方式在“国家机构”中设置“监察委员会”。随后第十三届全国人民代表大会第一次会议于 2018 年 3 月 20 日表决通过《监察法》。第十三届全国人民代表大会常务委员会第十四次会议于 2019 年 10 月通过《全国人民代表大会常务委员会关于国家监察委员会制定监察法规的决定》，国家监察委员会可根据监察工作的实际需要，依据宪法和法律制定监察法规，依法履行最高监察机关职责。2021 年 7 月 20 日，国家监察委员会表决通过《监察法实施条例》。第十三届全国人民代表大会常务委员会第三十次会议于 2021 年 8 月 20 日表决通过《中华人民共和国监察官法》。

二、研究意义

《监察法》第 12 条、第 13 条设置了监察派驻制度。各级监察委员会可以依据法律向本级中国共产党机关、国家机关、法律法规授权或者委托管理公共事务的单位和组织以及所管辖的国有企业、行政区域等派驻或者派出监察机构、监察专员。《监察法实施条例》在《监察法》相关规定的基础上，细化了监察派驻制度的领导体制、工作职责、派驻范围、监察范围、监察程序等内容。[②]《监察官法》将“监察委员会派驻或者派出到中国共产党机关、国家机关、法律法规授权或者委托管理公共事务的单位和组织以及所管辖的国有企业、行政区域等的监察机构中的监察人员、监察专员”纳入“监察官”范围，受到《监察官法》的保障与规制。[③]

2022 年 6 月，中共中央办公厅印发《纪检监察机关派驻机构工

---

① 参见《中共中央关于在全国各地推开国家监察体制改革试点方案》（2017 年 10 月）；《全国人民代表大会常务委员会关于在全国各地推开国家监察体制改革试点工作的决定》，2017 年 11 月第十二届全国人大常委会第三十次会议通过。

② 参见《监察法实施条例》第 12 条、第 13 条、第 21 条、第 46 条、第 49 条、第 174 条、第 212 条、第 221 条、第 235 条、第 236 条、第 240 条、第 282 条。

③ 参见《监察官法》第 3 条。

作规则》，以全面规范纪检监察机关派驻机构工作。根据《中国共产党纪律检查委员会工作条例》和《中华人民共和国监察法》，《纪检监察机关派驻机构工作规则》全面规范纪检监察机关派驻机构的领导体制、组织设置、工作职责、履职程序以及管理监督，着眼健全系统集成、协同高效的派驻监督体制机制，推进派驻机构工作规范化、法治化、正规化，推动新时代派驻监督工作高质量发展。

面对纪检监察派驻制度的规范留白与实践需求，[①] 目前亟须在理论研究、规范指导、实践探索三个层面全面提升纪检监察派驻制度建设水平，而探寻纪检监察派驻制度的演变过程无疑是最基础的选择。第一，探寻纪检监察派驻制度的演变过程，有利于梳理清晰的纪检监察派驻制度的发展脉络；第二，探寻纪检监察派驻制度的演变过程，有利于总结明确的纪检监察派驻制度的发展规律；第三，探寻纪检监察派驻制度的演变过程，有利于为新时代完善纪检监察派驻制度提供新路径。

三、研究现状

在纪检监察制度历史研究中，目前对于纪检监察派驻制度历史变迁的关注度较低。主要呈现以下特征：第一，研究学科主要集中于党史学科，法学学科研究较少；第二，研究领域主要集中在党内纪检派驻领域，国家监察派驻发展演变研究较少；第三，研究的观测变量主要集中于领导体制，观测变量较为单一。

目前学者主要从领导体制、监察范围、起源三个角度来观测纪检监察派驻制度的发展演变。

第一，党的纪检监察派驻领导体制问题。唐皇凤和杨洁认为其大体经历了党委领导体制（1962—1981）、双重领导体制（1982—2011）、双重领导体制下上级领导改革力度加强（2012—2021）的历史进程。[②] 徐喜林、蒋来用认为其大体经历了监委直接领导体制

① 参见中共中央纪律检查委员会、中华人民共和国国家监察委员会法规室编写：《〈中华人民共和国监察法〉释义》，中国方正出版社2018年版，第97页。

② 参见唐皇凤，杨洁：《中国共产党百年纪检监察领导体制的历史演变与基本经验》，载《治理研究》2021年第4期。

(1962—1992)、双重领导一个为主体制(1993—2000)、统一管理体制(2001—2018)的历史进程。[①] 过勇、郑智超、赵绪生、黄红平和吴世丽认为其大体经历了监委直接领导体制(1962—1981)、“领导加指导”的双重领导体制(1982—1992)、双重领导一个为主体制(1993—2000)、统一管理体制(2001—2019)的历史进程。[②]

第二,纪检监察派驻监察范围问题。学者均认为纪检监察派驻经历了“部分覆盖”到“全面覆盖”的历史进程,但对于时间划分存在不同意见,多数学者认为“部分覆盖”区间从 1962 年—2015 年,“全面覆盖”区间从 2016 年至今,但蒋来用认为“部分覆盖”区间在 1962—2011 年,“全面覆盖”区间在 2012—2018 年。[③]

第三,纪检监察派驻制度的起源问题。多数学者认为源于党内纪检监察派驻制度,其中尹奎杰和刘立刚认为源于 1922 年党的二大《党章》所创立的中央特派员制度,[④] 部分学者认为源于 1962 年 9 月党的八届十中全会《关于加强党的监察机关的规定》所确立的党内监察派驻制度。少数学者认为源于行政监察派驻制度,郑智超和赵绪生认为源于 1951 年政务院在财政部、贸易部、重工业部等七个部门内设监察机构的实践探索,[⑤] 黄红平和吴世丽认为源于 1955 年国务院《监察部组织简则》所确立的财经监察派驻制度。[⑥]

① 参见徐喜林:《论纪检监察派驻机构统管体制机制的建立与创新》,载《中州学刊》2007 年第 6 期;蒋来用:《有关派驻监督的几点探讨》,载《理论探索》2018 年第 5 期。

② 参见过勇:《中国纪检监察派驻制度研究》,载《国家行政学院学报》2014 年第 2 期;黄红平,吴世丽:《基层纪检监察派驻机构统管模式比较及其改革路向》,载《廉政文化研究》2014 年第 1 期;郑智超,赵绪生:《新中国成立 70 年来派驻监督的历程、经验与启示》,载《理论导刊》2019 年第 11 期。

③ 参见蒋来用:《有关派驻监督的几点探讨》,载《理论探索》2018 年第 5 期。

④ 参见尹奎杰,刘立刚:《中国共产党纪检监察派驻制度的发展过程与完善》,载《中共杭州市委党校学报》2018 年第 3 期。

⑤ 参见郑智超,赵绪生:《新中国成立 70 年来派驻监督的历程、经验与启示》,载《理论导刊》2019 年第 11 期。

⑥ 参见黄红平,吴世丽:《基层纪检监察派驻机构统管模式比较及其改革路向》,载《廉政文化研究》2014 年第 1 期。

四、研究思路与研究方法

（一）研究思路

本研究以“纪检监察派驻制度的历史变迁”作为研究主题，研究思路分述如下：第一，本研究立足于法学学科，从法律规范、党内法规角度以法学研究方法运用法治思维梳理纪检监察派驻制度的发展演变；第二，本研究拓展纪检监察派驻制度发展演变的研究领域，从国家监察派驻、党内纪检派驻、检察派驻三个领域出发，全面梳理纪检监察派驻制度的历史变迁；第三，本研究增加纪检监察派驻制度发展演变的观测变量，从纪检监察派驻制度的组织设置、领导体制、工作职责、干部管理等方面进行探究。

因此，本研究以法学学科为立足点，从国家监察派驻、党内纪检派驻、检察派驻三个领域出发，以组织设置、领导体制、工作职责、干部管理为观测变量，梳理纪检监察派驻制度的历史变迁过程，以厘清纪检监察派驻制度的发展脉络与演变规律，以期为中国式现代化纪检监察派驻制度改革提供新思路与新启示。

（二）研究方法

1. 规范研究方法

作为规范性科学的法学，主要是将法置于规范性视角之下并由此探究规范之意义。① 从规范主义立场出发，法学的核心任务在于探究法律规范本身，考量围绕这一轴心展开的其他法律现象都是为了完成上述任务而进行服务的次阶任务。② 因此，本研究全面搜集和整理国家监察派驻、党内纪检派驻、检察派驻领域所有规范，并对其进行系统的梳理和体系化解释。

2. 历史研究方法

纪检监察派驻机构的发展，不仅立足于中国历史发展脉络中，

---

① 参见［德］卡尔·拉伦茨《法学方法论》（第六版），黄家镇译，商务印书馆2020年版，第253页。

② 参见林来梵：《从宪法规范到规范宪法——规范宪法学的一种前言》，商务印书馆2017年版，第4页。

而且也与当时的政治制度发展相一致。[①] 任何制度既具有适时性，也具有不适性，需要在发展过程中对其进行甄别与过滤，纪检监察派驻制度也在历史的变动中发展。本研究通过对党的纪检机关、国家监察机关、检察机关派驻制度的发展流变进行历史解释，阐释出纪检监察派驻制度的历史渊源，并总结发展规律和经验教训，在坚持时代化问题意识的基础上，寻求对我国目前纪检监察派驻制度改革的启示。

① 参见张晋藩：《中国古代监察法的历史价值——中华法系的一个视角》，载《政法论坛（中国政法大学学报）》2005 年第 6 期；张晋藩：《中国古代廉政法制建设及其启示》，载《法商研究》2011 年第 4 期；张晋藩：《中国古代监察思想、制度与法律论纲——历史经验的总结》，载《环球法律评论》2017 年第 2 期。

第一章　纪检监察派驻制度的初步探索阶段

第一节　行政监察派驻制度的初步探索阶段

在1949年9月，中国人民政治协商会议第一届全体会议相继通过了《中华人民共和国中央人民政府组织法》《中国人民政治协商会议共同纲领》，在人民政府内部建立起了人民监察委员会制度。[①] 规定要在县级、市级以上人民政府内部设置人民监察机关，对各级国家机关及各类公职人员履行工作职责情况进行监督，并对违反法律、玩忽职守的机构及人员进行纠正；与此同时，对于国家机关及其公职人员的违法失职行为，人民及人民团体有权向人民监察机关、人民司法机关进行控告。

在1950年10月24日，《政务院人民监察委员会试行组织条例》规定了人民监察委员会的内部设置、工作职责、会议制度以及工作方式等。中央人民政府政务院人民监察委员会的工作职责具体如下：第一，对于各级国家机关及各类公职人员是否违反了国家法律、法令、政策或损害国家及人民利益进行监察，并对违法失职的国家机关与公职人员进行纠举；第二，对全国各级监察机关的具体监察工作进行指导，颁发监察决议和命令，并审查其执行情况；第三，接受并处理人民、人民团体对各级国家机关及各类公职人员的违法失职行为之控告。[②] 我国行政监察制度自此正式开启。

---

① 参见《中央人民政府组织法》（1949年）第十八条，已废止；《中国人民政治协商会议共同纲领》第十九条。

② 参见《政务院人民监察委员会试行组织条例》（1950年）第二条，已废止。

一、行政监察派驻制度的萌芽阶段

在1950年10月24日，《政务院人民监察委员会试行组织条例》以试行方式规定了监察通讯员制度。中央人民政府政务院内设的人民监察委员会，可以在各中央直属机关、国有企业部门、人民团体以及新闻机关设置监察通讯员，分别接受第一、二、三厅的领导。[①] 在1951年10月25日，又依据《中国人民政治协商会议共同纲领》第19条、《大行政区人民政府委员会组织通则》第7条第4款、《省人民政府委员会组织通则》第7条第2款、《县人民政府委员会组织通则》第6条第2款之规定，政务院批准了《大行政区人民政府（军政委员会）、人民监察委员会试行组织通则》《省（行署、市）人民政府、人民监察委员会试行组织通则》《县（市）人民政府、人民监察委员会试行组织通则》，从而以法律形式规范不同层级人民监察委员会的实践运行。其中，大行政区人民监察委员会、省（行署、市）人民监察委员会、县（市）人民监察委员会，均依据《各级人民政府人民监察委员会设置监察通讯员试行通则》设置了监察通讯员。[②] 监察通讯员制度是行政监察派驻制度的雏形。[③]

监察通讯员是各级人民政府和人民监察委员会为了加强监察工作，同时与人民群众保持密切联系而设立的义务职务。如果有三名或三名以上的监察通讯员，将根据不同的情形，分成不同的小组，各小组推选一名组长；组长负责与各监察委员会联络，以传达指令、交流经验、探讨问题进而改进工作。各级监察委员会每半年组织通讯员代表召开会议一次，或组织监察通讯员组长召开联席会议一次，在必要的情况下可以提前或推迟召开。监察通讯员从事监察

---

① 参见《政务院人民监察委员会试行组织条例》（1950年）第七条第四款，已废止。

② 参见《大行政区人民政府（军政委员会）、人民监察委员会试行组织通则》（1951年）第五条，已废止；《大行政区人民政府、人民监察委员会组织通则》（1950年草案）第七条；《省（行署、市）人民政府、人民监察委员会试行组织通则》（1951年）第六条，已废止；《县（市）人民政府、人民监察委员会试行组织通则》（1951年）第四条，已废止；《各级人民政府人民监察委员会设置监察通讯员试行通则》（1951年），已废止。

③ 参见《政务院人民监察委员会试行组织条例》（1951年）第七条第四款，已废止。

通讯工作所需要的经费，由其工作单位承担；没有工作单位的监察通讯员所需经费，由为其设置职务的监察委员会酌情予以补助。

监察通讯员的产生范围，主要是在各级监察委员会对应的辖区内，各级人民政府、人民团体、企业部门的工作人员或其他劳动人民，具有公正廉洁、实事求是、忠诚老实、善于与群众联系等特征。监察通讯员的聘任，须在本人自愿的基础上，经所在机关、人民团体、企业的民主选举或者推荐，并经相应监察委员会审查合格，方可录用。对在监察通讯工作中取得突出成就的监察通讯员，由各级监察委员会给予嘉奖。监察通讯员因各种原因而提出辞职，须得到原工作单位的批准；不能胜任职责的监察通讯员，可以在任何时候解除聘任。监察通讯员的任用、解聘或正式离职，均须由相应监察委员会向其工作单位进行通报并予以公告。

监察通讯员的工作职责，具体如下：第一，对于政府机关、企业部门及其公职人员的违法失职行为、不良作风问题以及损害国家与人民利益等情况进行全面调查，并及时向相应监察委员会进行书面通讯报告；第二，向人民群众征集对政府法令、政策与设施的意见，并及时向相应监察委员会进行书面通讯报告；第三，向人民群众宣传行政监察制度的积极意义。监察通讯员在履行其职责时，应遵守下列规定：第一，监察通讯员在向相应监察委员会进行书面通讯报告时，如果认为有必要可将相关情况汇报所在工作单位的首长，以协助所在单位首长了解情况并改进工作；单位首长如果认为上述情况可直接处理，则须在处理之后及时报告监察委员会；但是监察通讯员不得擅自自行处理。第二，监察通讯员必须经常与所在工作单位的监察机构保持密切联系。第三，监察通讯员在举报或者协助监察委员会检查案件的过程中，必须认真调查，做到实事求是，并且对相关资料严格保密。

二、行政监察派驻制度的创立阶段

政务院在1952年12月27日发布《省（市）以上各级人民政府财经机关与国营财经企业部门监察室暂行组织通则》。其中规定了在省（市）级以上各级人民政府财经机关、国营财经企业部门内部设立监察室的制度，创立了行政监察派驻制度的初阶模型。[①] 政务院在 1953 年 7 月 31 日发布《各级人民政府人民监察机关设置人民监察通讯员通则》，规范了监察通讯员的任务、产生、奖惩、履职方式等方面，正式确立人民监察通讯员制度，作为行政监察派驻制度的辅助制度。[②]

截至 1953 年底，由于各级政府部门领导重视、各级监察委员会推动，以及监察室干部的努力，全国财经系统已建立了监察组织共达 4750 个（包括在专、县级设立的财政、税务监察员），配备专职干部 12625 人；除此之外，还在中央各部门及其下属部分单位发展了 22537 名善于与群众联系的人民监察通讯员，为监察工作的组织基础奠定了初步基础。[③] 尽管如此，但各部门监察室工作中尚存在着许多问题：首先，难以进行重点监督检查；其次，缺乏专职监察干部；再次，监察干部不熟悉业务；最后，对监察室工作的领导不足。所以，许多监察室难以有效确保国家经济发展规划和政策法规的正确实施。[④]

政务院人民监察委员会在 1954 年 6 月 24 日召开了第三次全国监察工作会议，宣布了日后行政监察工作的目标：要同政府机关及其公职人员中存在的资产阶级思想作风、违法渎职现象展开深入斗争，要防止并克服一切阻碍和破坏总路线的行为，以保证国家过渡时期总路线的彻底实现。其具体任务以保证国家经济建设计划的胜利完成为中心，包括：加强监督检查国家在过渡时期的各项政策法令的贯彻执行；监督检查国家建设计划特别是经济建设计划的执

① 参见《省（市）以上各级人民政府财经机关与国营财经企业部门监察室暂行组织通则》（1952 年），已废止。

② 参见《各级人民政府人民监察机关设置人民监察通讯员通则》（1953 年），已废止。

③ 参见《政务院人民监察委员会一九五三年财经部门监察室工作总结及今后工作意见》（1954 年 4 月 7 日），载刘宋斌，余炳荣，林代昭等：《人事监察》，中国劳动出版社 1990 年版，第 620 页—第 633 页。

④ 参见《政务院人民监察委员会一九五三年财经部门监察室工作总结及今后工作意见》（1954 年 4 月 7 日），载刘宋斌，余炳荣，林代昭等：《人事监察》，中国劳动出版社 1990 年版，第 620 页—第 633 页。

行；受理人民群众的检举控告。[①]

具体实践层面，在学习和吸收苏联的先进经验的基础上，结合实际情况，我国形成了哈尔滨铁路稽核局监察模型。为了更大地发挥监察工作的作用，1954 年 6 月 24 日，中央依据《铁道部关于推广原中长铁路监察（稽核）工作的经验和建立人民监察局的报告》，在铁道部建立人民监察局，重点试行推广原中长铁路监察（稽核）工作经验，领导全国铁路逐步实行这一先进经验。[②] 政务院在 1954 年 7 月 10 日发布《关于在铁道部建立人民监察局和加强监察工作的决定》和《铁道部人民监察局工作条例》，全面规定了铁道部人民监察局的领导体制、权限任务、内部设置、干部管理等内容。[③]

第一届全国人民代表大会于 1954 年 9 月 21 日通过了《中华人民共和国国务院组织法》和《中华人民共和国地方各级人民代表大会和地方人民政府组织法》，原本的政务院人民监察委员会更改为国务院监察部。[④]

《监察部关于调整地方各级监察机构及其有关事项的指示》规定，县以及不设区的市如果特别需要监察工作，可由专署或省级监察机关重点派出监察组，并接受省级或专署的监察机构的直接领导。[⑤]

根据国家过渡时期的总任务，根据国家的宪法，1955 年以后监察机关的任务具体如下：第一，对所有行政机关、国有企业以及他们的工作人员进行监督，使其能够正确执行国务院的决议与命令；第二，坚决贯彻执行国家的政策与法令，切实地完成国家计划，认真地爱护国家财产，忠实地履行自己的职责，以巩固国家纪

---

① 参见刘景范：《政务院人民监察委员会关于第三次全国监察工作会议的报告》（1954 年 6 月 24 日），载刘宋斌，余炳荣，林代昭等：《人事监察》，中国劳动出版社 1990 年版，第 640 页一第 644 页。

② 参见《铁道部关于推广原中长铁路监察（稽核）工作的经验和建立人民监察局的报告》（1954 年 6 月 24 日）。

③ 参见《政务院关于在铁道部建立人民监察局和加强监察工作的决定》（1954 年 7 月 10 日）；《铁道部人民监察局工作条例》（1954 年），已废止。

④ 参见《中华人民共和国国务院组织法》（1954 年），已废止；《中华人民共和国地方各级人民代表大会和地方人民政府组织法》（1954 年），已废止。

⑤ 参见《监察部关于调整地方各级监察机构及其有关事项的指示》（1954 年 12 月 17 日）。

律，保证彻底实现国家过渡时期总任务，确保社会主义改造事业与社会主义建设的成功。[①]

在把对经济建设的监督作为中心任务的同时，监察机关逐步开始采用集中地监督和检查的工作方针，对监察派驻机构进行了组织设置调整，改变了过于分散的情况。在设置和调整组织时，根据当时国家紧缩编制精简机构的精神及干部缺乏的情况，对监察派驻机构进行精简，主要体现在：第一，撤销县、不设区的市级监察机关之后，省级监察机关须适当加强省级、设区的市、专署监察机关的建设，并向重点县派驻监察人员；第二，财经部门收缩过分分散的、小型的、不重要的企业监察机关，加强大型的、重要的企业和基本建设单位监察机关，但要防止无准备地盲目地草率调动干部收缩机构的现象。[②]

国务院于 1955 年 10 月 10 日批准实施《监察部关于中央和地方财经部门国家监察机关组织设置及对现有监察室（局、司）进行调整的方案》，根据国务院第十次全体会议批准的《监察部关于第四次全国监察工作会议的报告》，将国家监察机关与业务部门内部的或专业的监察或检查机关从组织上分开，对现有财经部门监察室（局、司）进行组织调整；在若干财经部门，以现有监察室为基础，设置国家监察机关。[③]

国务院于 1955 年 11 月 2 日发布《监察部组织简则》，第一次系统规定了监察部的任务、组织设置、领导体制、履职方式等方面。[④] 同时，还明确了监察部可以根据实际情况，在国务院下属的财经部门设立国家监察局以行使国家监察职能；国家监察局按照需要，可以在所在部门的下属单位设立派驻机构。正式以行政法规的形式确立了行政监察派驻制度，这是监察派驻制度的正式起源。

① 参见《关于一九五五年监察工作的任务和具体工作的报告——一九五五年四月七日在第四次全国监察工作会议上》（1955 年 4 月 7 日），载《人民日报》1955 年 6 月 13 日第 2 版。

② 参见《关于一九五五年监察工作的任务和具体工作的报告——一九五五年四月七日在第四次全国监察工作会议上》（1955 年 4 月 7 日），载《人民日报》1955 年 6 月 13 日第 2 版。

③ 参见《国务院关于批准施行“监察部关于中央和地方财经部门国家监察机关组织设置及对现有监察室（局、司）进行调整的方案”的通知》（1955 年 10 月 10 日）。

④ 参见《监察部组织简则》（1955 年），已废止。

1956年1月6日，《监察部关于派驻县监察组的若干工作问题的指示》规定，在撤销县（旗）级监察机关后，省、自治区监察厅和专署、自治州监察处，必须选择适当县派驻监察组，并进一步规定了派驻县监察组的领导体制、任务以及履职方式等。①

国务院于1956年6月11日批转《监察部关于对人民监察通讯员调整设置和加强领导的报告的通知》，根据国家监察机关组织结构的变化，为了更好地发挥自下而上的监督功能，对人民监察通讯员的设置进行了相应调整。②

表1：行政监察派驻确立阶段重要规范列表

序号	时间	规范名称
1	1950年10月24日	《政务院人民监察委员会试行组织条例》
2	1951年9月8日	《各级人民政府人民监察委员会设置监察通讯员试行通则》
3	1951年10月25日	《大行政区人民政府、人民监察委员会试行组织通则》
4	1951年10月25日	《省（行署、市）人民政府、人民监察委员会试行组织通则》
5	1951年10月25日	《县（市）人民政府、人民监察委员会试行组织通则》
6	1952年12月27日	《省（市）以上各级人民政府财经机关与国营财经企业部门监察室暂行组织通则》
7	1953年7月31日	《各级人民政府人民监案机关设置人民监察通讯员通则》
8	1954年6月24日	《铁道部关于推广原中长铁路监察（稽核）工作的经验和建立人民监察局的报告》
9	1954年6月24日	《政务院人民监察委员会关于第三次全国监察工作会议的报告》

① 参见《监察部关于派驻县监察组的若干工作问题的指示》（1956年1月6日）。

② 参见《国务院批转监察部关于对人民监察通讯员调整设置和加强领导的报告的通知》（1956年6月11日）。

续表

序号	时间	规范名称
10	1954 年 7 月 10 日	《政务院关于在铁道部建立人民监察局和加强监察工作的决定》
11	1954 年 7 月 10 日	《铁道部人民监察局工作条例》
12	1954 年 12 月 17 日	《监察部关于调整地方各级监察机构及其有关事项的指示》
13	1955 年 10 月 10 日	《国务院关于批准施行“监察部关于中央和地方财经部门国家监察机关组织设置及对现有监察室（局、司）进行调整的方案”的通知》
14	1955 年 11 月 2 日	《监察部组织简则》
15	1956 年 1 月 6 日	《监察部关于派驻县监察组若干工作问题的指示》
16	1956 年 6 月 11 日	《国务院批转监察部关于对人民监察通讯员调整设置和加强领导的报告的通知》
17	1957 年 8 月 30 日	《监察部关于国家监察机关处理公民控诉工作的暂行办法》

资料来源：作者自制。

（一）整体要求

随着财经系统监察室的建立与发展，1954 年之后政务院开始加强监察室建设，强调使监察室工作“有步骤地由初创走向巩固与健全”[①]。《监察部组织简则》以行政法规形式正式确立了行政监察派驻制度。[②] 国家监察局根据实际需要，可在所在部门下属单位派驻监察机构；派驻机构之设立、合并或撤销，须由国家监察局局长提交所在部门、监察部共同批准。

1. 领导体制

鉴于监察工作的迅速开展，加强领导在行政监察派驻确立阶段

① 参见《政务院人民监察委员会一九五三年财经部门监察室工作总结及今后工作意见》（1954 年 4 月 7 日），载刘宋斌，余炳荣，林代昭等：《人事监察》，中国劳动出版社 1990 年版，第 620 页—第 633 页。

② 参见《监察部组织简则》（1955 年）第十四条第一款、第三款，已废止。

最为重要。[1] 在对国家监察机关与业务部门内设监察机关之间的职责进行了明确界定的情况下，[2] 为使上级国家监察机关统一指挥和集中使用力量，对监察派驻机构的领导关系进行了明确和调整。

监察派驻机构区分监察机关与派驻监察人员采取不同领导体制。首先，对派驻监察人员采取垂直领导体制，即设立于各部门的各级监察机关，可以直接领导该部门监察机关、企业中派驻的监察人员。[3] 另外，在省级、市级人民委员会领导的厅或局中，由省级、市级国家监察机关派驻监察人员，由派出监察机关直接领导，并由设在国务院部门的各国家监察机关指导联系。[4]

其次，监察部对设在国务院部门的国家监察机关采用两种不同的领导关系。第一，绝大部分监察局或监察室仍然保持着双重领导体制，部分监察机关改为业务部门内设的监察机关，接受该部门的领导，监察部只对其监察业务进行指导或保持联系；第二，选取一至两个机构相对完善、工作基础较好的监察局或监察室，试点进行垂直管理。但这种垂直领导并非现在意义上的垂直领导，监察局仍要受到驻在单位的指导，在一定程度上仍然是上级监察机关与驻在部门双重领导体制。[5]

在此双重领导体制中，一般以驻在部门首长的领导为主。对一般监察室的领导或指导，部门首长与上级监察室及地方监察委员会之间进行适当分工，具体如下：第一，部门首长的领导着重于监察干部日常思想教育与业务教育，根据本部门的全盘情况与工作要求，帮助监察室制定一个时期监察工作的具体计划，或按上级指示

① 参见《政务院人民监察委员会一九五三年财经部门监察室工作总结及今后工作意见》（1954年4月7日），载刘宋斌，余炳荣，林代昭等：《人事监察》，中国劳动出版社1990年版，第620页—第633页。

② 参见《关于一九五五年监察工作的任务和具体工作的报告——一九五五年四月七日在第四次全国监察工作会议上》（1955年4月7日），载《人民日报》1955年6月13日第2版。

③ 参见《关于一九五五年监察工作的任务和具体工作的报告——一九五五年四月七日在第四次全国监察工作会议上》（1955年4月7日），载《人民日报》1955年6月13日第2版。

④ 参见《关于一九五五年监察工作的任务和具体工作的报告——一九五五年四月七日在第四次全国监察工作会议上》（1955年4月7日），载《人民日报》1955年6月13日第2版。

⑤ 参见《关于一九五五年监察工作的任务和具体工作的报告——一九五五年四月七日在第四次全国监察工作会议上》（1955年4月7日），载《人民日报》1955年6月13日第2版。

结合本部门情况具体布置工作，督促其执行，并为其解决工作中存在的困难；第二，上级机关监察室或监察委员会的领导或指导着重监察业务方面的指导与经验交流，帮助其解决工作中的困难，并得根据国家、部门或地区性需要，规定下级监察室的工作方向或某项具体任务，并督促其执行；第三，如果上级监察室或监察委员会的指示与部门首长的指示发生分歧，凡属于具体工作安排上问题以及紧急问题，下级监察室应先执行部门首长的决定，其他问题应报上级领导解决。下级监察室对上报告除单纯的情况反映外，皆须经部门首长批准，上级监察室对下指示除一般性业务问题外，亦应经部门首长批准。[①]

上级机关监察室与各地监察委员会指定专人对监察室工作进行领导并加强请示、报告制度，及时指导工作。加强组织指导工作主要采取下列方法：第一，监察机关根据具体情况，制定各级行政首长所能采取的具体措施，以强化监察的领导作用；第二，上级部门的监察室定期召开监察会议或不定期召开专题会议，并组织巡视；大区、省、市监察委员会亦召集同类性质监察室的联席会议或专题会议，借以布置工作解决问题，并及时总结、通报优秀经验；第三，各上级部门监察室根据本部门的任务、计划、领导意图，以及某一时期的中心工作、重点、关键问题、薄弱环节等，及时对下级监察室下达指令，要求地方监察委员会进行配合，地方监察委员会安排任务之后报告其上级机关监察室；第四，地方监察委员会、主管部门的监察室均建立工作试点，抽调强有力骨干，选择典型的基层单位，长期驻在单位，参与各种活动，熟悉业务，结合该单位监察干部、研究监察工作的有效方法，取得经验，并予以推广。[②]

① 参见《政务院人民监察委员会一九五三年财经部门监察室工作总结及今后工作意见》（1954年4月7日），载刘宋斌，余炳荣，林代昭等：《人事监察》，中国劳动出版社1990年版，第620页—第633页。

② 参见《政务院人民监察委员会一九五三年财经部门监察室工作总结及今后工作意见》（1954年4月7日），载刘宋斌，余炳荣，林代昭等：《人事监察》，中国劳动出版社1990年版，第620页—第633页。

2. 工作职责

监察部作为国务院权力监督机关，其工作职责具体如下：第一，就国务院部门、地方国家行政机关、国有企业及其所有工作人员对国务院的决议、命令的贯彻执行情况进行全面检查；第二，对国务院部门、地方国家行政机关、国有企业执行国民经济计划、国家预算过程中所存在的重大问题进行全面检查，并监督其国家资财的收支、保管、使用以及核算情况；同时对合作社、公私合营企业的国家资财的收支、保管、使用与核算情况进行监督；第三，审议国务院任命人员的纪律处分事项；第四，接受并处理国家行政机关工作人员不服内部纪律处分的申诉，以及公民关于国家行政机关、国有企业及其工作人员违纪行为的控告。① 各级监察机关以自己的主要任务为重点进行具体分工：首先，监察部和设在国务院各财经部门的国家监察机关以监督国有企业为主；其次，省监察厅加强对与农业生产有关的部门派驻监察机构和专署监察处的领导，并领导所属市监察机关和省属某些财经部门派驻监察机构的工作，在必要时协助监察部和设在国务院所属部门的国家监察机关对国有企业进行检查。②

这一阶段并未在一般意义上规范监察派驻机构的职责，但强调了对于公民控告的重视。监察派驻机构和监察干部必须克服不够重视公民控告的想法，积极地调查处理公民反映的情况，并及时向其通报处理情况，从而充分调动广大人民群众关心社会主义建设和社会主义改造事业的积极性，发扬他们对国家机关和工作人员的监督作用。③ 部门和企业的监察机关收到公民控告该部门和企业任命的工作人员的案件，必须直接检查处理；其中情节轻微的可以交下一级监察机关直接检查处理，但须将承办机关通知控诉人，进行必要

① 参见《监察部组织简则》（1955 年）第二条，已废止。

② 参见《关于一九五五年监察工作的任务和具体工作的报告——一九五五年四月七日在第四次全国监察工作会议上》（1955 年 4 月 7 日），载《人民日报》1955 年 6 月 13 日第 2 版。

③ 参见《关于一九五五年监察工作的任务和具体工作的报告——一九五五年四月七日在第四次全国监察工作会议上》（1955 年 4 月 7 日），载《人民日报》1955 年 6 月 13 日第 2 版。

的督促检查，并要求承办机关报告处理结果。[①]

监察派驻机构的主要履职方式并未明确规定，但依据相关法律规定，为了履行监督职责，监察派驻机构可以派员出席驻在单位相关部门的会议，也可以向相关部门提出调阅必要的命令、决议、案卷及其有关资料的要求，相关部门必须提供材料并进行说明。[②]

3. 干部管理

在干部管理方面，首先强调依据工作需要扩大编制，增加监察室监察干部，并可适当调整现有机构设置与人员使用中的个别不合理现象。[③] 其次，对监察干部进行必要的培训。培训内容主要集中于监察机关的性质、任务、工作方法等问题，驻在单位的政策与业务知识两方面。培训主要由各部监察室、地方监察委员会主持办理。培训方法可采用集中轮训、分区集训、委托代训、业余时间请专家讲课等方式进行，并可在实际工作中以师徒方式来提高监察干部的业务水平。[④]

（二）财经系统监察室制度

1. 初始组织设置

政务院于1952年12月27日决定在省（市）级以上各级人民政府的财经机关、国营财经企业部门设立监察室，加强对省（市）级以上各级人民政府财经机关、国营财经企业部门及其工作人员的监督检查，进而保障贯彻实施国家法律、法令、政策、方针、计

① 参见《监察部关于国家监察机关处理公民控诉工作的暂行办法》（1957年8月30日）。

② 参见《政务院人民监察委员会试行组织条例》（1950年），已废止；《大行政区人民政府（军政委员会）、人民监察委员会试行组织通则》（1951年）第七条，已废止；《省（行署、市）人民政府、人民监察委员会试行组织通则》（1951年）第八条，已废止；《县（市）人民政府、人民监察委员会试行组织通则》（1951年）第六条，已废止；《监察部组织简则》（1955年）第三条，已废止。

③ 参见《政务院人民监察委员会一九五三年财经部门监察室工作总结及今后工作意见》（1954年4月7日），载刘宋斌，余炳荣，林代昭等：《人事监察》，中国劳动出版社1990年版，第620页—第633页。

④ 参见《政务院人民监察委员会一九五三年财经部门监察室工作总结及今后工作意见》（1954年4月7日），载刘宋斌，余炳荣，林代昭等：《人事监察》，中国劳动出版社1990年版，第620页—第633页。

划、决议、与命令等，并维护国家纪律。[①] 监察机关对财经企业部门进行监督检查，一是为了有效且及时地防止和消灭一切挥霍浪费、盗窃、贪污以及其他违反生产计划、违反财政纪律以及违反国家政策法规的不良行为；二是为了帮助上述部门积极改进工作，增强干部的经营管理水平，并提升资金积累的速率。[②]

（1）组织设置

凡省（市）级以上各级人民政府财经机关、国营财经企业部门均须设立监察室，在各机关、部门及其下属的独立单位履行监察职能。各监察室设主任一人，必要时得设副主任一人；主任综理室务，副主任协助；设秘书一人。视工作需要依据精简原则设监察专员、监察员若干人，分掌各项工作。各机关监察室须在本机关及所属独立单位设置人民监察通讯员、人民检举接待室、人民意见箱，并举办有关组织职工群众监督政府机关及其工作人员的其他活动。

（2）领导体制

财经监察室采取双重领导体制，各监察室既要接受本机关或部门首长与上级机关监察室的双重领导，还要接受其主管机关的同级人民监察委员会的指导。如果监察室与其主管机关的同级人民监察委员会不驻在同一地区，必须接受当地人民监察委员会的指导。1954 年 6 月，为了加强上级监察机关对下级监察机关的领导，各级人民监察委员会更改为接受该级人民政府、上级监察委员会的双重领导；随之财经企业部门监察室，也更改为接受机关或部门首长、同级人民监察委员会的双重领导，而且双重领导须以地方政府或部门首长的领导为主。在工作中，监察室和部门首长之间存在意见分歧时，须一方面按照部门首长的意见执行，另一方面报请上级监察机关会同有关部门解决。

财经监察室与派出机关的工作关系主要体现为：第一，根据指示进行监督检查。各机关监察室根据本机关首长及上级监察机关的

---

① 参见《省（市）以上各级人民政府财经机关与国营财经企业部门监察室暂行组织通则》（1952 年），已废止。

② 参见《进一步加强人民监察工作》（1954 年 5 月 8 日），载《人民日报》1954 年 5 月 8 日第 1 版。

指示，围绕中心工作，有计划、有重点地进行监督检查，不应代替日常业务检查。第二，会同检查、协同检查。各机关监察室在监察工作中与有关部门密切配合，必要时得报请上级监察机关派员会同检查，上级监察机关对该机关检查时，该机关监察室协同检查。第三，及时进行报告与请示。各机关监察室的工作计划、总结，按期向上级监察机关报告；遇有重大事故或疑难问题随时报告或请示。如发现不属于该机关管理范围以内的问题或案件，立即转交有关机关处理。

（3）工作职能

财经监察室通过检查国家计划的贯彻执行情况，从而对国家政策的贯彻执行情况进行监督，并打击公职人员的各种违法失职行为。财经监察室以部门下属单位对国家计划的贯彻执行情况，国家财资的收入、保管、使用、统计与管理工作为重点强化监督。各财经部门情况不同，在规定自己具体任务时各有不同的重点。监察室的工作职能主要包括：第一，对机关、部门以及下属的独立单位及其工作人员对国家法律、法令、政策、方针、计划、决议以及命令的贯彻执行情况进行监督与检查；第二，对机关、部门以及下属的独立单位的基本建设、安全生产、经济核算、增产节约、资金使用、财政制度、民主管理、提倡合理建议、学习先进经验等项工作进行监督与检查；并对其他机关遵守财政制度、纪律等具体情况进行监察；第三，机关及其工作人员如果存在诸如消极怠工、贪污浪费、阳奉阴违、官僚主义等违法失职情形，及时进行纠正与检查，并提出惩戒意见；机关及其工作人员如果存在与不良倾向做坚决斗争、抢救事故有功、工作成绩显著等情形，及时给予表彰或嘉奖；第四，接受并处理人民、人民团体与内部职工关于机关、部门及其下属的独立单位与工作人员的违法失职行为的检查与控告；第五，加强对下属的独立单位的监察室，以及机关、部门与下属的独立单位的人民监察通讯员的工作之领导；第六，组织与教育内部职工对机关、部门及其下属的独立单位及其工作人员的工作进行监督；第七，各监察室自行拟订各机关监察室的工作细则，报请该机关首长核定；第八，接受并执行上级监察机关及本机关、部门首长交办的监察任务。

财经监察室在履职时须注意：第一，各机关监察室对本机关、部门与所展独立单位及其工作人员的工作得随时进行检查，被检查者不得拒绝；第二，各机关监察室对依照规定属于本机关权限范围以内的惩戒处分，须经本机关首长批准方可执行。应予奖励者须建议主管人事部门处理，如有涉及刑事或反革命的案件须移送当地人民检察署、人民法院或公安机关处理；第三，各机关监察室得派人参加本机关、部门及所属独立单位的有关会议，并可向有关部门搜集材料或调阅案卷；第四，各监察室对内对外的重要行文，均须由本机关首长签署，以机关名义发布；但对所属下级监察室及所属人民监察通讯员可发布一般性的指示或通知；各级监察室之间的重要行文，须同时抄送与其主管机关同级的人民监察委员会，或者当地的人民监察委员会；第五，各监察室与各有关部门，以及本部门各主管单位、职能单位，特别与业务性质相近的统计、审计、质量检查、安全监督等部门建立密切联系配合工作，必要时得召开有关会议，研究配合工作的方法，使各种监督工作能够有机结合。

关于财经监察室的重点检查方式，大致可归纳为：第一，对一个时期一个地区带普遍性的主要倾向、薄弱环节或重要问题，有组织有系统地进行检查。第二，对一个地区或一个系统某一时期的主要倾向进行重点检查。第三，对薄弱部门和重要单位的工作进行全面检查。一种方式是对某一系统的工作全面检查，一种则是对某一单位的工作进行全面检查。第四，配合领导上级开展的各项工作，主动从各部门发现问题或针对工作中存在的或可能发生的问题提出明确的揭发要点，动员监察通讯员及广大职工群众揭发运动中的问题，从中选择重点，配合运动进行检查，借以推动运动的发展。为了使重点检查能够推动一般检查，可以借助报刊等媒体，对具有重要教育性的事件和典型案例进行宣传报道，以此来扩大影响力。为了使监察工作能收到实际效果，监察室可要求被检查机关企业及时报告改进工作的执行情况，同时进行必要的抽查工作，对其改进工作情况进行密切监督。第五，须从算账入手，必须从审查决算总结、统计报表、会计簿册、原始单据及其他有关文件入手进行检查。

财经监察室的调查研究方法大致为：第一，经过部门首长同意制定制度，经常参加本部门制定计划的有关会议，弄清本部门基本情况、要求、领导意图和工作规律；第二，要求有关部门定期报送计划、统计、决算、裁报、决议、命令、规章制度及其他必要材料；第三，深入业务部门，深入现场调查研究，或选择经过检查的重点单位经常联系，或采取有准备、有目的地召开座谈会、个别访问、巡视工作等方法了解情况，发现问题；第四，建立下级监察室定期汇报制度，责令经常反映业务部门的情况和问题；第五，有计划地指导监察通讯员反映本部门存在的问题，并经常对人民来信进行排查，以发现较大的问题或找出线索，同时还必须对材料、情况进行分析、综合和统计工作，特别注意对生产财务统计报表的研究，从计划与执行情况对比中，从各期或各单位的比较中，找出工作规律，发现问题，以便找出重点进行检查。

2. 组织调整

国务院第十次全体会议于 1955 年 4 月批准了《监察部关于第四次全国监察工作会议的报告》，其中强调必须将国家监察机关、业务部门内设的监察或检查机关进行组织分离。国务院又于同年 10 月批准实施《监察部关于中央和地方财经部门国家监察机关组织设置及对现有监察室（局、司）进行调整的方案》，决定对现有财经部门监察室（局、司）进行组织调整，以部分财经部门的现有监察室作为基础，成立国家监察机关。①

首先，分别在国务院下属的煤炭工业部、石油工业部、重工业部、纺织工业部、电力工业部、第一机械工业部、第二机械工业部、建筑工程部、轻工业部、铁道部、林业部、交通部、水利部设立国家的监察机关——监察局。这十三个国家监察局，可以有重点

① 参见《国务院关于批准施行“监察部关于中央和地方财经部门国家监察机关组织设置及对现有监察室（局、司）进行调整的方案”的通知》（1955 年 10 月 10 日）。

地在各该部所属管理局和大型联合企业派驻监察专员办事处或监察室，对于部所属在北京的管理局可以派驻人员设立机构，也可以在国家监察局内单独设立或合并设立相应的监察机构；在企业和事业单位派驻监察分室或监察员，负责各该管辖范围内的监察工作；其中监察专员相当于副司、局长，监察室主任相当于处长，监察分室主任相当于副处长或科长，监察员相当于科长、副科长。

煤炭工业、第一机械工业、第二机械工业、重工业、纺织工业、电力工业、林业、石油工业、轻工业、交通、水利、建筑工程等国家监察局，接受所在部门与监察部的双重领导；而上述国家监察局下属的各级国家监察机关变更为接受垂直领导。铁道国家监察局，按照铁道部的意见，在 1955 年改为受监察部直接领导，在工作上受铁道部的指导；铁道国家监察局下属的各级国家监察机关仍然接受自上而下的垂直领导。

其次，在监察部成立商业监察局，在必要的时候也可以在对外贸易部、商业部和农产品采购部及其所属大型企业派驻人员，负责对对外贸易、商业、农产品采购及供销合作等四个系统的重大问题进行监督检查，在工作上分别受商业部、对外贸易部和农产品采购部的指导。

最后，省（市）级人民委员会所属工业、公用事业、建筑、交通、粮食、水利、农林（牧）等厅（局）的监察室及其所属企业、事业单位的监察室，一律改为各该省（市）监察厅或监察局的组成部分，在省（市）监察厅或监察局内单独设立或合并设立相应的监察机构，并可有重点地在上述部门及其所属企业、事业单位派驻机构或人员。

（三）铁道部人民监察局制度

中长铁路由苏联无偿移交中国后，铁道部为了巩固先进的监察工作经验，从 1953 年起，建立了哈尔滨铁路稽核局，由铁道部直接领导，继续对哈尔滨铁路及哈尔滨、大连两地工厂实行监督，形成了苏联先进监察工作和中国人民铁路具体情况相结合的宝贵经验。[①] 哈尔滨稽核局监察工作的经验的特点是：第一，对铁路生产财务的收入、支出、保管、统计以及管理工作实行严格、有效与系统地监督。第二，根据中国的实际情况，采用事前监察与事后监察相结合的办法，将国家监察与内部监察有机结合，全方位地对铁路系统进行监督。稽核局以生产财务计划为基础，在对所有现金开支、合同签订以及物料调配等工作进行日常事前稽核的同时，及时进行事后检查，从而及时指正缺点并提出改进意见。并对生产财务计划的季度、年度总结或决算进行审查分析，给予恰当的评价，揭发其缺点错误，分析原因，提出改进意见。第三，它采用了国家自上而下和群众自下而上的监督相结合的方法。第四，以独立、垂直的监察领导体制作为保障。稽核局接受中央铁道部的直接领导，对哈尔滨铁路局系统进行监督。这就保证了监察干部不受任何地方主义和本位主义的影响，便于对被监督的企业或机关的一切缺点、错误和不良现象进行坚决的斗争。[②]

根据中央人民政府政务院于 1954 年 6 月 24 日通过的《关于在中央人民政府铁道部建立人民监察局和加强监察工作的决定》，为了监督铁道系统有效且高质量完成国家所要求的运输任务以及基本建设任务，并保障铁路财产免受损害，从而建立铁道部人民监察局，在全国铁道系统中推广原中长铁路监察（稽核）工作的经验。[③]

1．领导体制

铁道部人民监察局受中央人民政府政务院人民监察委员会和中央人民政府铁道部的双重领导，并以政务院人民监察委员会为主，铁道部人民监察局在各种铁路管理局、各工程局派驻总监察，在铁道部人民监察局直接领导下进行工作。人民监察局依据规定向政务

---

① 参见《铁道部关于推广原中长铁路监察（稽核）工作的经验和建立人民监察局的报告》（1954 年 6 月 24 日）。

② 参见《进一步加强人民监察工作》（1954 年 5 月 8 日），载《人民日报》1954 年 5 月 8 日第 1 版；《铁道部关于推广原中长铁路监察（稽核）工作的经验和建立人民监察局的报告》（1954 年 6 月 24 日）；《铁道部人民监察局工作条例》（1954 年），已废止。

③ 参见《铁道部人民监察局工作条例》（1954 年），已废止；《铁道部关于推广原中长铁路监察（稽核）工作的经验和建立人民监察局的报告》（1954 年 6 月 24 日）。

院人民监察委员会、铁道部提出工作报告，亦可单独向政务院人民监察委员会提出。

根据《中国人民政治协商会议共同纲领》第19条规定，省、市级以上各级人民政府内设人民监察机关，对各级国家机关及其公务人员的履职情况进行监督，并纠举违法失职的国家机关及其人员。因为人民监察局一方面属于国家监察性质，应受中央人民监察委员会的领导；另一方面又属于内部监察性质，应受铁道部的领导，这种双重领导将逐渐过渡到国家监察和内部监察分立而改变其领导关系。

铁道部人民监察局对其下属机构实行垂直领导体制。这不仅可以让监察者消除疑虑，维护国家的利益，避免受到本位主义的干扰，同所有与国家利益相抵触的不良现象作根本斗争；而且可以使监察局组织精简、联系紧密、反应迅速、信息畅通，便于在统一领导下提高工作效率。

2. 工作职责

铁道部人民监察局的任务具体如下：第一，对铁道系统各单位对国家资财的收入、使用、保管和统计工作，实行经常的事后监督；第二，对经铁道部批准的生产财务计划的制订、执行和总结或决算、资产负债表及各种技术指标和质量标准的完成情况，进行经常地监督和检查；第三，监督和检查铁道系统各单位和全体职工对国家有关铁路的决议和命令、铁道部长的指示、命令和铁路章则制度的执行情况；第四，执行铁道部和中央人民监察委员会交办的任务，并受理有关违反国家政策法令、劳动纪律和财政纪律等问题的人民来信及控告。另外，《政务院人民监察委员会关于第三次全国监察工作会议的报告》中要求：为了集中力量监督检查国家经济建设工作，试行哈尔滨铁路监察工作经验的监察室管理的惩戒工作应即移交有关行政部门管理。[①]

① 参见刘景范：《政务院人民监察委员会关于第三次全国监察工作会议的报告》（1954年6月24日），载刘宋斌，余炳荣，林代昭等：《人事监察》，中国劳动出版社1990年版，第640页—第644页。

铁道部人民监察局的具体权限如下：第一，在管理局、工程局以下的企业单位，凡监察人员不同意的开支，不得支付。如该单位仍认为有必要开支时，须经过管理局长或工程局长与总监察商议后同意，方可开支。对于管理局、工程局的开支，总监察和管理局长或工程局长间发生争执时，得报铁道部处理：其中确属紧急开支，管理局长或工程局长可先行开支，再报请上级处理。第二，向下级监察机构发布命令和指示。第三，向铁道系统各单位发布通知，令其提出监察范围内有关的各种计划报告、表报、说明书、通知书和会计统计等一切材料和文件。第四，以口头或书面方式直接和有关人员接洽监察工作范围内的一切问题。第五，及时向各级领导报告监督过程中发现的问题，同时提出改进建议，被报告的领导必须依据改进建议提出相应措施；在必要的时候，须向铁道部、政务院人民监察委员会进行报告。第六，对违反法律规定、玩忽职守的相关责任人，提出相应的纪律处分建议。第七，对造成国家损失的责任人员，责令其赔偿。第八，因违法行为应给予法律制裁的人员，按规定手续将检查材料送交检察署处理。

铁道部人民监察局的工作方法包括：第一，根据监察工作计划，进行监督和检查，并须依据实际需要，随时进行检查；第二，监督和检查各种业务交易是否合理合法、各项开支是否符合计划和规定标准；第三，审核各种单据文件、生产和财务统计资料、账簿表报和资产负债表；第四，审核各种合同契约协议书，重点监督采购材料验收和工程验收；第五，组织不脱产的人民监察通讯员担任义务监察工作，必要时得吸收其他人员参加一定范围的监察工作；第六，采取事先监督与事后监督相结合的方法。

3．干部管理

铁道部人民监察局内设秘书科、人事科、开支监督处、收入监督处、基本建设监督处、工厂监督科和人民来信受理处七个工作机构。

铁道部人民监察局各级工作人员任免程序如下：第一，人民监察局局长、副局长、总监察、副总监察由铁道部与政务院人民监察委员会商议后报请政务院批准任免；第二，人民监察局内各处长、副处长由铁道部与政务院人民监察委员会商议同意后任免；第三，人民监察局内科长、副科长、主任监察员、监察员及其他工作人员由人民监察局局长任免；第四，总监察所属各科长、副科长、人民监察室主任、主任监察员由人民监察局局长任免，其他人员由总监察任免。

根据中长铁路监察组织编制经验和中央精简原则，铁道部人民监察局共需定员 52 人驻各铁路管理局，工程局和沿线监察人员一般为 70 人到 84 人。须补充一批具有一定政策、理论水平、懂得业务、财务知识的骨干充实监察室的力量。[①] 另外，监察人员须经过一次业务、政策、财务知识和新的监察工作方法的训练。[②]

（四）地方监察派驻制度

1955 年 4 月 7 日，《关于一九五五年监察工作的任务和具体工作的报告》强调，在撤销县级、不设区的市级的监察机关以后，省级监察机关等必须选取重点区域的县派驻监察人员。[③] 1956 年 1 月 6 日，根据《地方各级人民代表大会和地方各级人民委员会组织法》（1954 年）和《监察部关于第四次全国监察工作会议的报告》的规定，省、自治区监察厅和专署、自治州监察处在撤销县（旗）级监察机关之后，必须向部分重点的县派驻监察组，监察部进而作出《关于派驻县监察组的若干工作问题的指示》[④]。

派驻县监察组设组长一人，必要时可再设副组长，监察员、助理监察员各若干人。派驻县监察组采取双重领导体制，具体体现在：派驻县的监察组由派出的监察机关直接领导；如有需要，其所

① 参见《政务院人民监察委员会一九五三年财经部门监察室工作总结及今后工作意见》（1954 年 4 月 7 日），载刘宋斌，余炳荣，林代昭等：《人事监察》，中国劳动出版社 1990 年版，第 620 页—第 633 页。

② 参见《政务院人民监察委员会一九五三年财经部门监察室工作总结及今后工作意见》（1954 年 4 月 7 日），载刘宋斌，余炳荣，林代昭等：《人事监察》，中国劳动出版社 1990 年版，第 620 页—第 633 页。

③ 参见《关于一九五五年监察工作的任务和具体工作的报告——一九五五年四月七日在第四次全国监察工作会议上》（1955 年 4 月 7 日），载《人民日报》1955 年 6 月 13 日第 2 版。

④ 参见《监察部关于派驻县监察组的若干工作问题的指示》（1956 年 1 月 6 日）。

在地的县级人民委员会接受派出监察机关的委托，对派驻县的监察组的工作进行指导。所在县的领导部门为执行其他工作而调派监察组工作人员时，应经派出监察机关的批准。派驻县的监察组在执行职务时，若与所在县领导机关或被检查机关、企业的意见发生原则分歧，须立即报告派遣它的监察机关和有关领导机关研究解决。监察组工作人员要尊重地方的党政领导，与县级人民委员会及其部门保持紧密联系，认真倾听各方意见，深入群众，认真、谨慎、公正地开展监察工作。

派驻县的监察组，按照派出监察机关的要求，就该县的国家行政机关、国有企业以及工作人员对于国务院、省级人民委员会的决议、命令的贯彻执行情况，以及国民经济计划和国家预算执行过程中存在的重大问题进行监督与检查；并对公私合营企业、合作社以及上述机关、企业的国家资财的收支、保管、使用、核算等情况进行监督；接受并处理公民对于国家行政机关、企业及其工作人员违反纪律行为的直接检举控告；领导所在县的人民监察通讯员。[①]

派驻县监察组主要履职方式如下：第一，监察组组长、副组长认为必要时，可以列席县人民委员会政务会议和有关部门的专业会议。根据工作需要，可以向有关部门借阅案卷，索取资料或请有关部门介绍情况。在进行专题或专案检查时，可以邀请有关部门派员参加。有关部门须根据监察组的要求，提供必要的材料和派人协助工作。第二，监察组检查的材料，须经被检查部门核对，由被检查部门的负责人或有关人员提出意见并签名盖章。第三，监察组在检查工作中，发现被检查部门存在的缺点与问题，须找出产生的根源，提出意见，其中涉及县领导机关和主要领导人员的问题，报请派遣它的监察机关处理，涉及县人民委员会所属各部门和一般工作人员的问题，提请县领导机关和有关部门处理，如果是重大问题，必须同时报告派遣它的监察机关。第四，监察组督促被检查部门改进工作，监察组认为必要时，应当进行复查。

① 《天津市监察局派驻监察室组织简则》（1956 年）中派驻监察室的职责还包括受理工作人员不服纪律处分的申诉，已废止。

以天津为例说明：依据《天津市监察局组织简则》[①]，天津市监察局制定《天津市监察局派驻监察室组织简则》，[②] 对监察局派驻监察室做出了规定。其中补充了三种履职方式：第一，监察局派驻监察室对国家资财使用、支付可以实行事先审查。审查的项目由监察局派驻监察室和驻在单位商定，并须经过监察局批准。在审查中发现并且确认有违反制度或者不合理使用支付国家资财时，可以通知驻在单位停止使用、支付。如有不同的意见，应当提出书面说明，双方分别报请上级领导机关处理。第二，监察局派驻监察室在调查过程中，发现并证实了国家工作人员存在以下情形时，应当分别进行处理，对有违纪行为的，在得出调查结果后，根据调查结果向上级机关提出相应的处分建议，即：（1）对受到处分后工作表现显著提高者，或经考验确实纠正过错者，根据相应程序向上级主管机关提出撤销处分的建议；（2）对造成国有资产损失者，敦促上级主管机关要求责任人按照法律规定予以赔偿；（3）发现存在犯罪事实者，必须由监察局向检察机关进行移送；（4）对及时遏制违纪行为或及时救助国有资产者，可向上级主管机关或监察局提出嘉奖建议。第三，监察局派驻监察室在进行检查时，可以根据需要邀请驻在单位有关部门具有专门知识、技术的人员协助工作。

（五）人民监察通讯员制度

1. 正式确立

在这一时期，政务院于 1953 年 6 月 25 日通过《各级人民政府人民监察机关设置人民监察通讯员通则》，正式设置了人民监察通讯员制度，而《各级人民政府人民监察委员会设置监察通讯员试行通则》则即行废止。与之前萌芽阶段不同的是，这一阶段人民监察通讯员制度只是作为行政监察派驻制度的辅助制度，对公权力运行进行监督。[③]

各级人民政府的人民监察机关，为了能够充分发挥人民群众对

① 参见《天津市监察局组织简则》（1956 年），已废止。

② 参见《天津市监察局派驻监察室组织简则》（1956 年），已废止。

③ 参见《各级人民政府人民监察机关设置人民监察通讯员通则》（1953 年），已废止。

国家机关及其工作人员的监督作用，与人民群众保持紧密联系，必须在政府机关及其下属的企业、事业部门中设立人民监察通讯员的职务，同样也得在城市街道、农村和人民团体中设立人民监察通讯员。在各机关、各部门、各单位、各街道、各村庄设立人民监察通讯员的数量，可根据工作需要以及实际情况予以决定。如果同一机构同时有三名或三名以上的监察通讯员，可以组建一个或多个小组，每个小组中选出一名组长。其职责是与上级人民监察机关进行联络并传递命令；同时领导监察通讯员小组进行问题研究、经验分享与推进工作。各级监察委员会三个月至半年组织通讯员召开会议一次，或组织监察通讯员组长召开联席会议一次，交流监察经验。人民监察通讯员是义务性职务，其工作经费由所在工作单位承担；街道和村庄的人民监察通讯员所需工作经费，由为其设置职务的监察委员会承担。

人民监察通讯员的产生范围是机关、部门、团体、街道、村庄的群众，资格条件是具备生产工作积极、公正负责、勇敢忠诚、善于与人民群众密切联系等条件的工作人员，或者人民中的积极分子，经其所在机关、部门、团体、街道、村庄的群众民主推选，主管人民监察机关审查任命，方可为人民监察通讯员。人民监察通讯员须严守国家法纪，以身作则。人民监察通讯员在进行检举与协助检查案件时，须严格负责、谦虚谨慎、实事求是，不得苟且敷衍、骄傲急躁、主观臆断、挟嫌妄报。人民监察通讯员工作成绩优异者，予以奖励；对工作中存在失职、失误情形的，要给予批评教育，情节严重的要给予行政处分，直到撤职为止。人民监察通讯员在工作中取得显著成绩的，调离原机关、部门或团体时，由其主管人民监察机关直接介绍新任职机关、部门或团体，继续供职，并由其新任职机关、部门或团体予以公布。

人民监察通讯员的工作职责，具体如下：第一，对政府机关与其工作部门及其工作人员的违法失职行为进行调查，对损害国家利益或人民利益的重要问题进行调查，并向群众征集对政府的法令、政策以及具体工作的意见，及时向主管监察机关或其所在单位的首长进行报告；第二，积极宣传监察工作的意义，鼓励人民群众监督国家机关及其工作人员；第三，对人民监察机关在其工作单位设置的人民意见箱进行管理与开检。人民监察通讯员在履行职务时须注意下列问题：第一，人民监察通讯员及时向所在单位首长报告发现的问题；如果所在单位无权处理或处理不当时，必须报请上级监察机关进行处理；第二，人民监察通讯员对自己所收集的材料和人民群众所反映的情况，须照实报告，并严守机密，不得外传；第三，人民监察通讯员必须每三个月至六个月向其所在单位人民群众报告其工作。群众有权在必要的时候进行重新选举。

2. 组织调整

虽然人民监察通讯员在揭发国家行政机关、企业部门的不良现象方面发挥了不小作用，促进相应机关改进了工作并维护了国家纪律，但部分监察机关对人民监察通讯员的工作存在着领导不足、支持不够的情形。随着国家监察机关对组织形式的调整，国务院也对人民监察通讯员组织设置进行了相应调整，以便更加有效发挥人民监察通讯员对权力的自下而上的监督作用。①

第一，质量优先。人民监察通讯员的推荐，必须符合《各级人民政府人民监察机关设置人民监察通讯员通则》规定的资格条件，避免任命兼职过多的人员。各单位设置人民监察通讯员的名额，由负责的监察机关根据实际情况和工作需要予以确定，名额须适量。监察机关如果认为有必要保留的人民监察通讯员，在进行组织调整时无须重新任命，但应将保留的人民监察通讯员名单向其所在的机关或企业进行公布。对于那些兼职过多，不需要或不适合担任人民监察通讯员职务的人员，在解释清楚以后免去其人民监察通讯员的职务。

第二，重点设置。在重点地区、重点企业中酌量设置人民监察通讯员。首先，国家监察局、省级、设区的市级监察厅、局在调整人民监察通讯员组织设置时，可在没有或者已经撤销监察机构的企

① 参见《国务院批转监察部关于对人民监察通讯员调整设置和加强领导的报告的通知》（1956年6月11日）。

业、机关中，重点设置部分人民监察通讯员；派驻的监察机关，可在其监督的单位中重点设置部分人民监察通讯员；专区的监察机关，可在县或市级的企业、机关中重点设置部分人民监察通讯员。其次，在农村各级机关与群众、城市群众、报社、学校、合作社、人民团体以及司法机关中，原则上不设置人民监察通讯员。

第三，相应调整。已经过组织调整变更为内部监察机关、专业监察机关（如财政、银行、外贸、商业、邮电、卫生、文化等部门），原来设置的人民监察通讯员，由国家监察机关统一调整并进行领导。（1）国家监察机关认为必要时，可将上述监察通讯员转由所在单位的内部监察机关进行领导；（2）监察通讯员所在单位的监察机关被撤销时，监察通讯员由上级监察机关统一调整并进行领导；（3）如果某县没有派驻监察机构时，监察通讯员则由主管所在专区的监察处统一调整并进行领导。

第四，增设。如因工作需要，监察机关需要增加或新设监察通讯员时，须经所在单位的民主推荐或党政领导推荐，监察机关方可予以任命。地方的人民监察通讯员，分别由省、自治区、直辖市，设区的市、专区的监察机关予以任命；部门的人民监察通讯员，分别由部、局、大企业单位的监察机关任命。任命程序较为简化，原则上由监察机关公布；如果所在单位没有设置监察机关，则由任命机关通知监察通讯员所在单位进行公布。在监察通讯员调离工作岗位时，应当免去其监察通讯员的职务。

第五，强化领导。监察机关必须高度重视监察通讯员的工作，关键在于及时指导人民监察通讯员有中心、有系统地反映问题，并对反映的问题认真地予以处理。首先，各级监察机关必须安排专门人员负责监察通讯员工作，每个季度必须向监察通讯员发送《监察通讯要点》一次；同时，依据某时期的中心工作或者重要问题不定时向监察通讯员安排监察通讯的具体要求。其次，各级监察机关必须安排专门人员与监察通讯员保持经常联系；并定期组织监察通讯员或者监察通讯组组长召开会议。再次，各级监察机关必须经常为监察通讯员提供专业的业务学习资料，并及时解决其必要活动经费。复次，各级监察机关必须及时调查处理或者督促相关部门处理监察通讯员反映的问题，并及时将调查结果告知该监察通讯员。最后，对表现突出的监察通讯员或监察通讯小组，应当及时给予嘉奖。

三、行政监察派驻制度的撤销阶段

在国务院的提议下，《关于撤销司法部、监察部的决议》于1959年4月28日由第二届全国人民代表大会第一次会议通过。自此，行政监察派驻机构随之撤销，行政监察派驻制度处于停滞状态。

第二节　党内监察派驻制度的初步探索阶段

党内监察派驻制度，萌芽于1955年12月确立的“兼职监察员”制度，该制度在不同层级采用了不同的组织形式并规定了监察任务，进而加强中央直属机关党的监察工作的任务。中国共产党第八届中央委员会第十次全体会议于1962年9月27日通过了《关于加强党的监察机关的决定》，确立了党内监察派驻制度。[①] 1962年12月18日，《中央监察委员会常驻各中央局、国务院所属各部门监察组试行工作条例（草案）》将党内监察派驻制度予以具体化。[②] 1969年4月14日，中国共产党第九次全国代表大会通过的《党章》删除了关于党的监察机构专章和党的纪律相关条款。[③] 随后，中央

---

① 参见《中共中央关于加强党的监察机关的决定》（1962年9月27日），载中共中央纪律检查委员会办公厅编：《1921—2000中国共产党党风廉政建设文献选编》（第八卷），中国方正出版社2001年版，第71—73页；中央档案馆，中共中央文献研究室编：《中共中央文件选集（一九四九年十月～一九六六年五月）（第41册）》，人民出版社2013年版，第51—53页；中央纪委国家监委研究室编：《中国共产党党风廉政建设百年纪事》，中国方正出版社2021年版，第159页。

② 参见中央档案馆，中共中央文献研究室编：《中共中央文件选集（一九四九年十月～一九六六年五月）（第42册）》，人民出版社2013年版，第326—329页。

③ 参见中央纪委国家监委研究室编：《中国共产党党风廉政建设百年纪事》，中国方正出版社2021年版，第177页。

监察委员会被撤销，派驻制度随之中止。[①]

表 2：党内监察派驻确立阶段重要规范列表

序号	时间	规范名称
1	1962 年 9 月 27 日	《中共中央关于加强党的监察机关的决定》
2	1962 年 11 月 24 日	《中央监察委员会工作细则》
3	1962 年 12 月 28 日	《党的监察工作人员守则（草案）》
4	1962 年 12 月 28 日	《中央监察委员会常驻各中央局、国务院所属各部门监察组试行工作条例（草案）》
5	1979 年 1 月 26 日	《中共中央纪律检查委员会关于工作任务、职权范围、机构设置的规定》

资料来源：作者自制。

一、党内监察派驻制度的萌芽阶段

党内监察派驻阶段起始于 1955 年 12 月确立的“兼职监察员”制度。“兼职监察员”这一概念由《中共中央监察委员会关于在中央国家机关、群众团体设立中央监察委员会兼职监察员的请示报告》提出，并经《中央监委关于目前省辖市、县不宜普遍设立兼职监察员的通知》《中央监委关于兼职监察员任务的通知》予以具体化。截至 1956 年 5 月 11 日，在中央的批准下，中央监察委员会一共在 42 个中央国家机关、人民团体设立了兼职监察员。[②] 此类“监察员”属于兼职性质，处于党的监察工作的辅助定位，并无实际监察权限，因此可作为党内监察派驻的萌芽。

确立“兼职监察员”的原因是属于中央管理职务名称表内的干部人数众多，并且存在部分违反党章、党纪和国家法律、法令的严重问题；但中央监察委员会编制人数有限，难以有效完成监察任务，因此需要加强中央直属机关党的监察工作的任务。

① 参见《中国共产党第九次全国代表大会文件汇编》，载《中国共产党党章汇编》，人民出版社 1979 年版，第 206—211 页。

② 参见《中央监委关于兼职监察员任务的通知》（1956 年 5 月 11 日），载中共中央纪律检查委员会办公厅编：《1921—2000 中国共产党党风廉政建设文献选编》（第八卷），中国方正出版社 2001 年版，第 70 页。

“兼职监察员”在不同层级采用了不同的组织形式：第一，中央监察委员会在中央国家机关、中央群众团体中均设置兼职监察员；[①] 第二，各省、市、自治区监委可以设立兼职监察员；[②] 第三，省辖市、县监委设立兼职监察员应该有重点地进行，可先选择三五个省辖市和县监委作重点试验，吸取经验，并将结果报告中央监委，还不宜普遍推行。[③]

“兼职监察员”的任务是：第一，在中央监察委员会的领导下，了解所在单位的党员违反党章、党纪与国家法律、法令的情况，并定期向中央监察委员会报告；第二，协助中央监察委员会检查所在单位的党员违反党章、党纪与国家法律、法令的情况；第三，协助所在单位的党内监察机构，及时开展党的监察工作等。[④] 对比同时期的《中国共产党关于成立党的中央和地方监察委员会的决议》第4条规定，中央监察委员会、地方各级监察委员会主要负责对党员违反党章、党纪和国家法律、法令的所有行为进行经常性的检查与处理，[⑤] 各级监察委员会强调的是检查与处理权限，而“兼职监察员”强调的则是“了解”“报告”“协助”辅助职能。

二、党内监察派驻制度的确立阶段

中国共产党第八届中央委员会第十次全体会议在1962年9月

① 参见《中共中央监察委员会关于在中央国家机关、群众团体设立中央监察委员会兼职监察员的请示报告》（1955年12月），载中共中央纪律检查委员会办公厅编：《1921－2000中国共产党党风廉政建设文献选编》（第八卷），中国方正出版社2001年版，第67－68页。

② 参见《中央监委关于目前省辖市、县不宜普遍设立兼职监察员的通知》（1956年3月13日），载中共中央纪律检查委员会办公厅编：《1921－2000中国共产党党风廉政建设文献选编》（第八卷），中国方正出版社2001年版，第69页。

③ 参见《中央监委关于目前省辖市、县不宜普遍设立兼职监察员的通知》（1956年3月13日），载中共中央纪律检查委员会办公厅编：《1921－2000中国共产党党风廉政建设文献选编》（第八卷），中国方正出版社2001年版，第69页。

④ 参见《中央监委关于兼职监察员任务的通知》（1956年5月11日），载中共中央纪律检查委员会办公厅编：《1921－2000中国共产党党风廉政建设文献选编》（第八卷），中国方正出版社2001年版，第70页。

⑤ 参见《中国共产党关于成立党的中央和地方监察委员会的决议》（1955年3月31日），载中共中央纪律检查委员会办公厅编：《1921－2000中国共产党党风廉政建设文献选编》（第八卷），中国方正出版社2001年版，第55－56页。

27日通过《中共中央关于加强党的监察机关的决定》，正式确立了党内监察派驻制度。[①] 设置党内监察派驻制度，就是为了全面加强对同级国家机关党员的监督功效。这时候的党内监察派驻机构是专属派驻定位，监察工作人员是专职性质，享有部分监察权限。这一阶段仅规定了常驻国务院所属部门之中央监察委员会监察组的领导体制、工作职责、成员组成、工作方式等，并未具体涉及省级派驻监察组和监察员。

1. 组织形式

中央监察委员会的派驻机构包括在各中央局的常驻监察组、常驻国务院所属部门的监察组。派驻监察组内设办事机构，中央局和国务院下属部门依据工作实际需要确定办事机构的人员编制数量。常驻国务院下属部门的中央监察委员会监察组人员级别，与国务院部长、司局长相当。各省、市、自治区党的监察委员会的派驻机构主要指驻省、市、自治区人民委员会所属的各部门监察组或监察员。

但两者派驻条件有所区别：第一，中央是可以派出，其中中央局是“必选”的常驻监察组，而国务院下属部门则是依据实际需要“可选”的常驻监察组；省级是在必要时候可以派出；第二，中央派驻对象是国务院所属各部门；省级派驻对象是省、市、自治区人民委员会所属的各部门；第三，中央派出的是监察组；省级派出的是监察组或监察员；第四，中央是常驻；省级是选驻。

2. 领导体制

常驻中央局的监察组，既接受中央监察委员会的领导，又接受中央局的领导，其中以中央局的领导为主。常驻国务院下属部门的监察组，接受中央监察委员会的直接领导，但所在部门党组对其业

① 参见《中共中央关于加强党的监察机关的决定》（1962年9月27日），载中共中央纪律检查委员会办公厅编：《1921—2000中国共产党党风廉政建设文献选编》（第八卷），中国方正出版社2001年版，第71—73页；中央档案馆，中共中央文献研究室编：《中共中央文件选集（一九四九年十月～一九六六年五月）（第41册）》，人民出版社2013年版，第51—53页；中央纪委国家监委研究室编：《中国共产党党风廉政建设百年纪事》，中国方正出版社2021年版，第159页。

务方面重大问题的检查处理进行指导。[①] 领导体制由之前的直接垂直领导[②]改变为垂直领导与部分指导（业务重大问题的检查处理）相结合。

3. 监察权限

中央监察委员会的工作职责具体如下：第一，对党员是否遵守党的章程、纪律、共产主义道德的情况进行经常性了解，对党员是否遵守国家法律、法令的情况进行经常性了解，并对党员对党中央的政策、决议的贯彻执行状况进行经常性了解，就上述内容及时向中央进行报告；第二，针对党员违反党的章程、纪律与共产主义道德的情况，党员违反国家法律、法令的情况，以及党员违反党中央的政策、决议的情况，具有检查处理的职责；第三，对于党员的处分享有决定权与取消权；对于下级党组织关于党员违纪决定享有审核权；第四，接受并处理有关党员、群众对党组织、具体党员的检举与控告，并受理党员的内部申诉；第五，对下级监察委员会的监察工作进行指导与检查。[③]

各中央局的常驻监察组的工作职责具体如下：第一，对中央局所属党组织党员是否遵守党的章程、纪律、共产主义道德的情况进行经常性了解，对其党员是否遵守国家法律、法令的情况进行经常性了解，并对党员对党中央的政策、决议的贯彻执行状况进行经常性了解，就上述内容及时向中央局、中央监察委员会和中央进行报告；第二，依据中央局、中央监察委员会的要求，就上述情况进行检查，并及时审议中央、中央局所管干部违纪行为；第三，接受并处理党员、群众的相关控诉与申诉；第四，对于所属省级党的监察

① 参见《中央监察委员会常驻各中央局、国务院所属各部门监察组试行工作条例（草案）》（一九六二年十二月二十八日），载中央档案馆，中共中央文献研究室编：《中共中央文件选集（一九四九年十月～一九六六年五月）（第 42 册）》，人民出版社 2013 年版，第 326－329 页。

② 参见《中共中央关于加强党的监察机关的决定》（1962 年 9 月 27 日）、《中央监察委员会工作细则》（1962 年 11 月 24 日），载中央档案馆，中共中央文献研究室编：《中共中央文件选集（一九四九年十月～一九六六年五月）（第 42 册）》，人民出版社 2013 年版，第 322－325 页。

③ 参见《中央监察委员会工作细则》（1962 年 11 月 24 日），载中央档案馆，中共中央文献研究室编：《中共中央文件选集（一九四九年十月～一九六六年五月）（第 42 册）》，人民出版社 2013 年版，第 322 页。

委员会的监察工作进行指导；可以依据中央监察委员会、中央局的要求，在必要的时候召开所属省级党的监察工作会议。

常驻国务院下属部门的监察组的工作职责具体如下：第一，对国务院下属部门的党组织党员是否遵守党的章程、纪律、共产主义道德的情况进行经常性了解，对其党员是否遵守国家法律、法令的情况进行经常性了解，并对党员对党中央的政策、决议的贯彻执行状况进行经常性了解，就上述内容及时向中央和中央监察委员会进行报告；第二，依据中央与中央监察委员会的要求，针对所属党员违反党的章程、纪律与共产主义道德的情况，以及所属党员违反国家法律、法令的情况，具有直接检查或协助部门党组织进行检查的职责；第三，对于上述享有检查职责的案件及时提出处理意见，转交部门党委或企业、事业单位党委，由其具体按照案件审批权限予以决定；第四，接受并处理党员、群众的相关控诉与申诉。

驻国务院所属各部门的监察组的权限，相比之前的“兼职监察员”权限进行了扩展。首先，在第一阶段，[①] 在之前“兼职监察员”的“了解—报告”“指示—协助”的辅助职能基础上增加了“根据指示直接检查”（指示—检查）的权限。虽然相比同时期的监察机关的权限，缺少了直接检查处理、党员处分的决定与审核以及受理检举、控告与申诉、内部检查指导工作的权限，但是，从被动的辅助职能扩展到主动的检查职能，也体现了监察派驻受派出机关领导的垂直领导体制的特征。其次，在第二阶段，[②] 在前一阶段“了解—报告”、“指示—协助”、“指示—检查”的权限基础上，增加了“受理控诉、申诉”的权限，也增加了“处理意见”权限，扩展了驻国务院所属各部门的监察组的权限。

各中央局的常驻监察组权限则更加宽泛，在“指示—检查”的

① 参见《中共中央关于加强党的监察机关的决定》（1962 年 9 月 27 日）、《中央监察委员会工作细则》（1962 年 11 月 24 日），载中央档案馆，中共中央文献研究室编：《中共中央文件选集（一九四九年十月～一九六六年五月）（第 42 册）》，人民出版社 2013 年版，第 322—325 页。

② 参见《中央监察委员会常驻各中央局、国务院所属各部门监察组试行工作条例（草案）》，载中央档案馆，中共中央文献研究室编：《中共中央文件选集（一九四九年十月至一九六六年五月）（第 42 册）》，人民出版社 2013 年版，第 326—329 页。

权限基础上增加了“审议”权限（指示一检查一审议）；也增加了“指导省级监察委员会工作，在必要时根据指示召开所属省级监察委员会会议”的权限。

4. 工作方式

派驻监察组在履职时采取以下方式：第一，坚持“集体领导”，坚持民主集中制，对案件与重大问题均须经过“集体”的讨论方可审核与决定。第二，各监察组必须严格执行“请示与汇报”的相关规定，及时向中央监察委员会反馈情况并报告工作，在遇到重大问题是可随时汇报；常驻中央局的监察组须同时向中央局及时反馈情况并报告工作。第三，依据中央监察委员会的要求，各监察组必须设置相应工作制度，按计划开展工作并及时总结经验。驻中央局监察组必须同时依据中央局的要求，按计划开展工作并及时总结经验。第四，各监察组通过列席会议的方式对驻在单位权力运行情况进行监督检查。经过中央局的同意，常驻中央局监察组的中央监委委员与候补委员可列席中央局的部分会议；常驻国务院下属部门的监察组组长可列席所在部门党组的会议；还依据工作的实际需要可与所在部门党组进行商议后召开联席会议。第五，各监察组必须依托驻在单位的党委和监察委员会开展工作，经常和他们建立联系，密切配合，商量问题，互通情况，交流经验。在对驻在单位下属的企业、事业单位进行监督检查时，须主动依靠其党委、监察委员会及其所属区域的党委、监察委员会。

5. 干部管理

常驻中央局的监察组人员，由驻在地区的中央监委会委员、候补委员或中央局提名推荐的干部来担任。常驻国务院下属部门的监察组人员，由中央监委会委员、候补委员，或中央监委会与相关部门党组提名推荐的干部担任。上述监察组人员的任命与免职，均须报请中央批准同意。

监察工作人员须忠实地履行自己的职责，遵循以下工作规则：一、严格依照党章、党中央的路线方针政策决议履行工作职责，抵制所有违反党的纪律、违反国家法律法令的行为；二、必须将党员的所有违纪行为如实向各级党委、上级监委进行报告，不得有所隐瞒；面对工作中出现的问题，在坚持原则的同时又要注意工作方法，及时向党委、上级监委汇报；三、遇到重大问题不得擅自做主，必须事先请示征求意见，事后再详细进行汇报，严格落实请示与汇报制度；在未获得组织授权的情形下不得以组织名义发言；四、在检查和处理案件时，要以事实为根据，认真调查和研究，分清敌我是非，谨慎处理，处理结果要与违纪违法行为相适当；五、在与其他部门分工协作时须虚心讨论问题；如有异议，应依党性原则予以解决；六、对党员处分的决定和取消以及其他重大问题必须经过集体讨论，严格执行“集体领导”，任何个人均无权擅自决定；七、对群众在生产和生活中产生的重大问题及时进行了解，关心群众的切身利益；积极维护党员和群众的民主权利，尽职尽责处理党员和群众提出的控告和申诉；杜绝官僚作风；八、严格遵守党的纪律、国家法律以及“三大纪律，八项注意”，自觉接受党组织与人民的监督，坚决落实党和国家关于监察工作的保密要求；九、努力学习马列主义、毛泽东思想、党章、党中央政策方针、国家法律，努力提升业务水平、理论政策水平和阶级觉悟。[①]

三、党内监察派驻制度的撤销阶段

中国共产党于 1969 年 4 月召开第九次全国代表大会，通过的《党章》删除了关于党的监察机构专章和党的纪律相关条款。[②] 中央监察委员会被撤销，派驻制度随之中止。[③] 1973 年 8 月 28 日，党的十大通过的《党章》，依然没有规定党的监察（纪律检查）机构

① 参见《党的监察工作人员守则（草案）》（1962 年 12 月 28 日），载中央档案馆，中共中央文献研究室编：《中共中央文件选集（一九四九年十月～一九六六年五月）（第 42 册）》，人民出版社 2013 年版，第 325—326 页。

② 参见中央纪委国家监委研究室编：《中国共产党党风廉政建设百年纪事》，中国方正出版社 2021 年版，第 177 页。

③ 参见《中国共产党第九次全国代表大会文件汇编》，载《中国共产党党章汇编》，人民出版社 1979 年版，第 206—211 页。

专章和党的纪律有关条款。[①]

1977年8月1日，党的十一大通过的《党章》，恢复了党的纪律检查机构的设置规定，明确党的中央委员会、县级及以上各级党的委员会均须设置纪律检查委员会，由同级党委选举产生，并在其领导下负责检查相应党员、党员干部执行纪律的具体情况，加强对党员的纪律教育，并抵制所有违反党的纪律的行为。[②] 在1978年12月的中共十一届三中全会上选举产生了由陈云等一百人组成的新的中央纪律检查委员会。[③] 1979年1月26日，《中共中央纪律检查委员会关于工作任务、职权范围、机构设置的规定》中依然没有涉及纪检派驻机构。[④]

第三节　检察派驻制度的初步探索阶段

一、检察组织构建概况

新中国成立后，1949年9月中国人民政治协商会议第一届全体会议通过的《中华人民政治协商会议共同纲领》发挥临时宪法的作用。其中第二章政权机关尚未设置检察机关，但规定了建立人民司法制度。

1949年9月中国人民政治协商会议第一届全体会议通过的《中

① 参见《中国共产党第十次全国代表大会文件汇编》，载《中国共产党党章汇编》，人民出版社1979年版，第212—217页。

② 参见中央纪委国家监委研究室编：《中国共产党党风廉政建设百年纪事》，中国方正出版社2021年版，第185页。

③ 参见中共中央纪律检查委员会办公厅编：《1921—2000中国共产党党风廉政建设文献选编》（第八卷），中国方正出版社2001年版，第12—14页。

参见中央纪委国家监委研究室编：《中国共产党党风廉政建设百年纪事》，中国方正出版社2021年版，第189—190页。

④ 参见《中共中央纪律检查委员会关于工作任务、职权范围、机构设置的规定》（1979年1月26日），载中共中央纪律检查委员会办公厅编：《1921—2000中国共产党党风廉政建设文献选编》（第八卷），中国方正出版社2001年版，第81—84页。

参见中央纪委国家监委研究室编：《中国共产党党风廉政建设百年纪事》，中国方正出版社2021年版，第192页。

央人民政府组织法》正式设置检察机关，就最高人民检察机关——最高人民检察署进行规定。中央人民政府委员会负责组织最高人民检察署，作为国家最高检察机关。最高人民检察署承担最高检察责任，负责对政府机关及其公务人员、全体国民严格遵守法律的情况进行检察。其内部设检察长 1 人，副检察长若干人，委员若干人。中央人民政府委员会负责制定最高人民检察署的组织条例。

1951 年中央在《中央人民政府最高人民检察署暂行组织条例》《各级地方人民检察署组织通则》中首次完成了人民检察署的组织设置。规定中央人民政府最高人民检察署在大行政区或其他区域设检察分署，省（行署）及中央或大行政区直辖市设人民检察署，省人民检察署在专区设分署，县（市）设人民检察署，各民族自治区依据具体情况设立与该级人民政府相当的人民检察署。

人民检察署采取双重领导体制，最高人民检察署接受中央人民政府委员会的直接管辖，下级人民检察署接受最高人民检察署的领导。省人民检察署分署接受所在区专员的指导。各级地方人民检察署接受上级人民检察署的领导，但因为其仍是同级人民政府的组成部分，必须同时接受同级人民政府委员会的领导。各级地方人民检察署必须在与同级司法、公安、监察及其他相关机关进行密切联系的基础上开展检察工作。各级地方人民检察署检察长或副检察长，可依据工作需要邀请同级司法、公安、监察机关参加其行政会议及专业会议，进行工作配合。

人民检察署行使法律执行的检察权、刑事案件的检察公诉权、违法或不当裁判的抗诉权、监所及犯人劳动改造机构之违法措施的检察权、不起诉处分复议的处理权、重要民事公益案件与行政公益案件的参与权。其中检察公诉权与抗诉权，在尚未设立下级检察署地区，可暂时委托该地公安机关执行，但必须接受上级检察署的指导。

最高人民检察署内设办公厅，第一、第二、第三等处，人事处，研究室；大行政区或其他区域设检察分署设正副检察长、秘书长，内设办公厅，第一、第二、第三等处；省（行署）及中央或大行政区直辖市人民检察署设正副检察长，内设办公室，第一、第二等处；省人民检察署分署设正副检察长，内设办公室；县（市）人民检察署设正副检察长，较大市人民检察署设办公室。最高人民检察署的检察长、副检察长与委员均由中央人民政府委员会予以任命。人民检察署检察长主持全署事宜，副检察协助检察长执行职务。人民检察署的会议制度主要指人民检察署委员会议，每月1次，由检察长召集、主持并最终决议。

1954年9月20日第一届全国人民代表大会第一次会议通过《中华人民共和国宪法》（1954年），其中第二章国家机构第六节规定了人民检察院的地位、性质与职权等。人民检察院的组织采取法律保留原则，由法律规定。最高人民检察院对于国务院部门、地方各级国家机关及其工作人员，以及全体公民遵守法律的情况行使检察权；地方各级人民检察院和专门人民检察院，依照法定范围行使检察权。地方各级人民检察院独立行使职权，不受地方国家机关的干涉。人民检察院采取垂直领导体制，地方各级人民检察院与专门人民检察院在最高人民检察院的统一领导下、上级人民检察院的领导下开展检察工作。最高人民检察院对全国人民代表大会负责并报告工作；在全国人大闭会期间对全国人民代表大会常务委员会负责并报告工作。

1954年9月21日第一届全国人民代表大会第一次会议通过《中华人民共和国人民检察院组织法》。规定人民检察院的组织设置如下：设立最高人民检察院、地方各级人民检察院和专门人民检察院。其中，地方各级人民检察院分为省级（省、自治区、直辖市）、市级（自治州、县、市、自治县）人民检察院。省级人民检察院可以依据需要设立分院；直辖市与设区的市人民检察院可以依据需要设立市辖区人民检察院。地方各级人民检察院独立行使职权，不受地方国家机关的干涉。人民检察院采取垂直领导体制，地方各级人民检察院、专门人民检察院在最高人民检察院的统一领导下与上级人民检察院的领导下开展检察工作。地方各级人民检察院，依照组织法规定的程序行使守法监督权、刑事案件的侦查与公诉权、侦查、审判与执行活动的合法性监督权、重要民事公益案件起诉权。

1975年宪法在第二章国家机构第五节规定了检察机关的权限。如由各级公安机关行使检察机关的职权；检察案件必须实行群众路线；对于重大的反革命刑事案件，要发动群众讨论和批判。

1978年宪法在第二章国家机构第五节规定了检察机关的权限。如最高人民检察院可对国务院部门、地方各级国家机关及其工作人员，与全体公民遵守宪法和法律情况行使检察权。地方各级人民检察院和专门人民检察院，依照法定范围行使检察权。人民检察院的组织依然采取法律保留原则，具体由法律规定。人民检察院领导体制改变为监督体制，最高人民检察院监督地方各级人民检察院和专门人民检察院的检察工作，上级人民检察院监督下级人民检察院的检察工作。最高人民检察院对全国人大及其常务委员会负责并报告工作；地方各级人民检察院对本级人大负责并报告工作。

二、检察派驻组织

1979年7月1日，《中华人民共和国人民检察院组织法》全面规范人民检察院制度。[①] 我国人民检察院的组织设置，包括最高人民检察院、地方各级人民检察院和专门人民检察院。其中地方各级人民检察院的层级包括：省级（省、自治区、直辖市）人民检察院；省级人民检察院分院，市级（自治州、省辖市）人民检察院；县级（县、市、自治县和市辖区）人民检察院。专门人民检察院包括：军事、铁路运输、水上运输与其他专门检察院。

人民检察院又从监督体制回归到领导体制，最高人民检察院领导地方各级人民检察院和专门人民检察院的工作，上级人民检察院领导下级人民检察院的工作。各级人民检察院依据法律规定的程序行使重大犯罪案件检察权、刑事案件侦查权、侦查审查决定权、刑事案件公诉权、侦查、审判与执行活动的合法性监督权等。

其中第2条第3款确立检察派驻制度。省级、县级人民检察院可以依据工作的实际需要，在提请本级人大常委会批准之后，在林

① 参见《中华人民共和国人民检察院组织法》（1979年），已废止。

区、农垦区、工矿区等区域设置人民检察院，作为检察院的派出机构。省级、县级人民检察院派驻在工矿区、农垦区、林区的人民检察院的正副检察长、检察委员会委员和检察员，均由派出检察院的检察长提名，并报请本级人民代表大会常务委员会进行任免。

第二章　纪检监察派驻制度的恢复重建阶段

第一节　党内纪检派驻制度的恢复阶段

1982年9月6日，党的十二大通过的《党章》，在第八章“党的纪律检查机关”中规定了中央一级党和国家机关纪律检查派驻制度。[①] 中央纪委于1983年1月向对外经济贸易部等11个单位派驻纪检组，这是恢复重建后的中央纪委派出的第一批纪检组。[②] 1983年3月2日，《中共中央纪委关于健全党的纪律检查系统加强纪检队伍建设的暂行规定》对纪检监察派驻机构的组织设置、职责范围、干部名额、配备与管理等方面做出了明确的规定，[③] 确立了党内纪检派驻制度的雏形。1985年5月15日，《中央纪律检查委员会关于派驻金融系统纪律检查组的决定》第一次以独立文件的形式明确规定党内纪检派驻机关横向派驻在行业的具体要求，涉及相互关系、工作职责、组织设置、干部编制与配备，[④] 可以作为纪检派驻制度具体化的标志。

随着1987年党的十三大提出：“按照党政分开、政企分开和管

---

① 参见《中国共产党第十二次全国代表大会文件汇编》，人民出版社1982年版，第123—125页。

② 《中央纪委派驻机构历史发展大事记》，载《中国纪检监察》2015年第24期。

③ 参见《中共中央纪委关于健全党的纪律检查系统加强纪检队伍建设的暂行规定》（1983年3月2日），载中共中央纪律检查委员会办公厅编：《1921—2000中国共产党党风廉政建设文献选编》（第八卷），中国方正出版社2001年版，第107—112页。

④ 参见《中央纪律检查委员会关于派驻金融系统纪律检查组的决定》（1985年5月15日），载中共中央纪律检查委员会办公厅编：《1921—2000中国共产党党风廉政建设文献选编》（第八卷），中国方正出版社2001年版，第136—138页。

人与管事既紧密结合又合理制约的原则，对各类人员实行分类管理”。[①] 1988年3月，中央纪委决定“为适应党政分开和机构改革的需要，中央和地方纪检机关派驻政府各部门和国家有关部门的纪检组要逐步撤销”。[②] 依据《关于逐步撤销国务院各部门党组纪检组和中央纪委派驻纪检组有关问题的意见》与《关于逐步撤销省级政府工作部门党的纪检组和组建行政监察机构问题的通知》，纪检派驻机构被逐步撤销。

1989年11月，十三届中央纪委五次全会决定，“要按照党章的规定，继续做好向有关部门派驻纪检组的工作，派驻人员要精干”。[③] 1991年4月，《中共中央纪委关于中央纪委派驻纪检组和各部门党组纪检组（纪委）若干问题的规定（试行）》全面规定了纪检派驻机构的领导体制、工作关系、职责范围、组织设置、干部管理等方面。[④] 这是纪检派驻制度最为全面的独立规范性文件，是纪检派驻制度走向规范化、制度化的标志。

表三：党内纪检派驻重建阶段重要规范列表

序号	时间	规范名称
1	1983年3月1日	《中央纪律检查委员会关于健全党的纪律检查系统加强纪检队伍建设的暂行规定》
2	1984年9月8日	《中共中央办公厅转发中央纪律检查委员会〈关于纪律检查机关组织建设几个问题的请示〉的通知》
3	1984年11月2日	《中央纪律检查委员会、中央组织部关于执行中办发〔84〕33号文件中几个问题的补充通知》

① 赵紫阳：《沿着有中国特色社会主义道路前进》（1987年10月25日），载中共中央文献研究室编：《十三大以来重要文献选编（上）》，人民出版社1991年版，第42页。

② 乔石：《认真贯彻党的十三大精神，努力做好纪律检查工作》（1988年3月20日），载中共中央文献研究室编：《十三大以来重要文献选编（上）》，人民出版社1991年版，第131页。

③ 乔石：《在中共中央纪律检查委员会第五次全体会议上的讲话》（1989年11月12日），载中共中央文献研究室编：《十三大以来重要文献选编（中）》，人民出版社1991年版，第728页。

④ 参见《中共中央纪委关于中央纪委派驻纪检组和各部门党组纪检组（纪委）若干问题的规定（试行）》（1991年4月23日），载中共中央纪律检查委员会办公厅编：《1921—2000中国共产党党风廉政建设文献选编》（第八卷），中国方正出版社2001年版，第164—168页。

续表

序号	时间	规范名称
4	1984 年 12 月 20 日	《中央纪律检查委员会关于未列入中管干部职务名称表的省、自治区、直辖市纪委和中央国家机关各部门纪检组领导干部任免手续的通知》
5	1985 年 5 月 15 日	《中央纪律检查委员会关于派驻金融系统纪律检查组的决定》
6	1987 年 7 月 29 日	《中央纪律检查委员会关于对党员干部加强党内纪律监督的若干规定（试行）》
7	1988 年 5 月 12 日	《中央纪律检查委员会中国共产党纪律检查机关案件检查工作条例（试行）》
8	1991 年 4 月 23 日	《中央纪律检查委员会关于中央纪委派驻纪检组和各部门党组纪检组（纪委）若干问题的规定（试行）》
9	1992 年 4 月 17 日	《中共中央纪委、中共中央组织部关于省、自治区、直辖市纪委和中央、国家机关各部门纪检组（纪委）领导干部任免审批程序的通知》

资料来源：作者自制。

一、党内纪检派驻制度的恢复阶段

（一）中央一级纪律检查派驻制度

中国共产党于 1982 年 9 月召开第十二次全国代表大会，通过的《党章》在第八章“党的纪律检查机关”第四十三条第四款规定，党的中央纪律检查委员会可以根据工作的实际需要，向中央一级党和国家机关派驻党的纪律检查组或纪律检查员。他们可以列席驻在单位的党的领导组织的相关会议，其工作须受到驻在单位的党的领导组织的积极支持。[①]

党内纪检体制在采取同级党的委员会和上级纪律检查委员会的双重领导的前提下，[②] 纪检派驻机构在组织形式方面，只设置了中央级别的纪律检查派驻机构；纪律检查派驻的对象是中央级别的党

① 《中国共产党第十二次全国代表大会文件汇编》，人民出版社 1982 年版，第 123—125 页。

② 参见《中国共产党第十二次全国代表大会文件汇编》，人民出版社 1982 年版，第 123—125 页。

和国家机关；派出条件是“根据工作需要”且“可以”的“可选项”；派出的具体形式是纪律检查组或纪律检查员。中央纪检派驻机构的工作形式主要是“列席会议”，即纪律检查组组长或纪律检查员可以列席驻在单位的党的领导组织的相关会议。[①]

1. 机构设置

纪律检查派驻机构分为两类：一类是中央纪律检查派驻机构，另一类是省级纪律检查派驻机构。第一，中央纪律检查委员会的派驻机构。根据工作实际需要，中央纪律检查委员会向中央级的党和国家机关的部分部门派驻党的纪律检查组。原党组纪检组或纪委在没有纪检派驻机构的部门继续履行纪律检查职责。第二，省级纪律检查委员会的派驻机构。根据工作的实际需要，省级党的纪律检查委员会可以向省级党政机关派驻纪律检查组或纪律检查员。

在派出形式方面，中央纪检派驻机构是纪律检查组，省级纪检派驻机构是纪律检查组或纪律检查员。在派出条件方面，中央纪检派驻机构和省级纪检派驻机构存在微小差别。中央纪律检查委员会是依据工作需要向同级的党和国家机关的部分部门派出，而省级党的纪律检查委员会是根据工作的需要可以向同级党政机关派出。作为中央纪律检查委员和省级党的纪律检查委员会，纪检派驻均是作为可选的监督制度，均在工作实际需要的情况下就可以设置。但是，在中央层面，其认为工作需要就可直接采用纪检派驻模式；而在省级层面，即使认为工作需要，纪检派驻仍然是“可选”的工作模式。

2. 领导体制

党的各级纪律检查委员会均接受同级党委和上级纪委双重领导，纪检派驻机构也采取双重领导体制。中央纪委派驻部门的纪律检查组或纪律检查员，在中央纪委直接领导、驻在单位党组指导下开展工作。

---

① 参见《中共中央纪律检查委员会关于印发纪检机构组织建设的文件的通知》之《附一：关于健全党的纪律检查系统加强纪检队伍建设的暂行规定》（1983 年 3 月 2 日），载中共中央纪律检查委员会办公厅编：《1921－2000 中国共产党党风廉政建设文献选编》（第八卷），中国方正出版社 2001 年版，第 107－112 页。

3. 工作职责

派驻纪检组依据派出纪检委员会的授权在驻在部门履行纪律检查的相关职责，具体如下：第一，积极协助党委就驻在单位及其下属部门对中央的路线、方针、政策的贯彻执行情况进行纪律检查。第二，面对受中央机关和地方机关双重领导的企事业单位发生的重大违纪案件，派驻纪检组积极协助地方纪律检查委员会进行检查。第三，对驻在单位及其下属部门发生的重大、复杂的违纪案件进行检查与处理。第四，对驻在单位及其下属单位的党的纪律检查委员会相关工作进行业务指导。纪律检查组组长、纪律检查员为了履行纪律检查职责，可以列席驻在单位党组的相关会议。

在前一阶段驻国务院所属各部门的监察组的"了解－报告"、"指示－协助"、"指示－检查"、受理控诉申诉、处理意见的权限的基础上，形成了"协助检查""检查处理""指导工作"的权限。虽然再未提及"受理控诉、申诉"，但是整体权限呈现增加趋势：第一，"协助检查"无需在上级的指示下，取消了上级的批准，增加了派驻纪检机构的主动性与日常性；第二，增加了"检查处理"，之前仅享有向上级报告的权限并无自行处理的权限，也仅具有"处理意见"建议权，具体处理仍由上级纪委或者驻在单位党委进行；权限更加宽泛的各中央局的常驻监察组享有的也只是"指示－检查－审议"权限。第三，增加了"指导工作"，之前也只有权限更加宽泛的各中央局的常驻监察组才享有指导省级监察委员会的权限，这一阶段将"指导工作"权限普遍化。

4. 干部配备与管理

第一，干部名额与编制。派驻纪检组的所有人员均列入驻在单位的编制。中央纪委派驻部门的纪律检查组，通常由五到七人组成，其中设组长一名、副组长一至两名，并可以配备部分工作人员。其编制通常为十五人左右，但如果派驻纪检组的任务众多且工作极其繁重，其编制可以拓展至二十至三十人。而省级纪委派驻部门的纪律检查组的编制，由省级纪委予以确定。派驻纪检组的编制人数均少于省级、市级、县级纪律检查委员会。

第二，干部年龄限制。中央国家机关所属部门的派驻纪检组的组长年龄通常在 65 岁以内，副组长、局级检查员年龄在 60 岁以内；纪检组成员中 55 岁以下的比例不得低于 1/3，必须保证 45 岁左右中青年干部的比例；纪检组成员中具有高中以上文化程度的比例不得低于 1/3；省级以下纪委领导干部的年龄通常在 60 岁以内，其中至少要有 1/3 的学历在高中以上。

第三，干部待遇。中央纪委派驻国家机关所属部门的纪检组组长，享受副部级政治待遇；其副组长享受正司局级干部政治待遇。① 驻在单位按照相关规定，给予各派驻纪律检查组所有人员相应的政治待遇与生活待遇。

第四，干部任免。中央纪委驻国家机关所属部门的纪检组副组长、局级检查员的任免，一般由驻在单位党组提出建议，或由中央纪委提出人选且征得驻在单位党组同意后，由中央纪委予以任免，并报送中组部进行备案，遵循“建议－任免－备案”程序。②

第五，干部资质。纪律检查工作人员不仅是纪检监察人员，而且是党章、《关于党内政治生活的若干准则》的宣讲人员。纪律检查工作人员必须具备一定的马克思主义理论基础，以及党的建设、法律、经济、文化、科学等知识，熟练掌握党的方针政策，熟知纪律检查业务工作，具备较高的文化程度。

---

① 参见《中共中央纪律检查委员会关于印发纪检机构组织建设的文件的通知》之《附一：关于健全党的纪律检查系统加强纪检队伍建设的暂行规定》（1983 年 3 月 2 日），载中共中央纪律检查委员会办公厅编：《1921－2000 中国共产党党风廉政建设文献选编》（第八卷），中国方正出版社 2001 年版，第 107－112 页；《中央纪律检查委员会关于纪律检查机关组织建设几个问题的请示》的通知（1984 年 9 月 8 日），载中共中央纪律检查委员会办公厅编：《1921－2000 中国共产党党风廉政建设文献选编》（第八卷），中国方正出版社 2001 年版，第 120 页；《中央纪委、中央组织部关于执行中办发〔84〕33 号文件中几个问题的补充通知》（1984 年 11 月 2 日），载中共中央纪律检查委员会办公厅编：《1921－2000 中国共产党党风廉政建设文献选编》（第八卷），中国方正出版社 2001 年版，第 122－123 页。

② 参见《中央纪委关于未列入中管干部职务名称表的省、自治区、直辖市纪委和中央国家机关各部门纪检组领导干部任免手续的通知》（1984 年 12 月 20 日），载中共中央纪律检查委员会办公厅编：《1921－2000 中国共产党党风廉政建设文献选编》（第八卷），中国方正出版社 2001 年版，第 124 页。

（二）派驻金融系统纪律检查组制度

为了排除和纠正金融系统不正之风的干扰，加强党的纪律检查工作，中央纪律检查委员会决定在金融系统设立派驻纪律检查组，这是贯彻执行国家金融政策，促进经济体制改革和“四化”建设的重要保证。这是中央纪律检查委员会第一次以独立文件的形式明确规定纪检派驻机关横向派驻在行业的具体要求，可以看作是纪检派驻制度具体化的标志。[①]

为了适应金融系统的发展要求，中央纪委决定在金融系统内建立派驻纪律检查组，其具体在中国人民银行办公。派驻纪检组积极协助中国人民银行、各专业银行、中国国际信托投资公司、中国人民保险公司党组，以及省级党委与纪委的纪律检查工作。

派驻纪检组的工作职责具体如下：第一，协助金融系统内部部门的党组织全面整顿党风，对金融系统党风状况进行调查研究，及时将相关情况报告中央纪委、中国人民银行党组；第二，就金融系统对党的路线方针政策决议的贯彻执行情况进行检查，并对金融系统的党组织、党员干部依据《党章》进行监督检查；第三，对违反金融政策以及其他重大、复杂的违纪案件及时进行查处；第四，对金融系统内部的纪律检查工作进行指导。派驻纪检组主要通过“列席会议”进行监督检查，金融系统派驻纪检组组长或副组长可以列席保险、信托投资公司、各专业银行以及中国人民银行的党组会议。

在前一阶段“协助检查”“检查处理”“指导工作”的一般权限的基础上，中央纪律检查委员会对于驻在金融系统的派驻纪律检查组的权限提出了如下的具体化要求：第一，派驻纪检组在协助驻在部门党委整顿的同时，主动调查研究并掌握信息进行报告；第二，将“检查处理”划分为“检查”和“查处”，区分了两种权限；一方面在“检查”中明确提出“监督检查”，强调了其监督属性；另

① 参见《中央纪律检查委员会关于派驻金融系统纪律检查组的决定》（1985 年 5 月 15 日），载中共中央纪律检查委员会办公厅编：《1921—2000 中国共产党党风廉政建设文献选编》（第八卷），中国方正出版社 2001 年版，第 136—138 页。

一方面在“查处”职责中明确了“违反金融政策以及其他重大、复杂的违纪案件”的范围；第三，“指导”纪律检查工作的范围明确划定为“金融系统”内部。从这里已经能够看到现代纪检监察派驻权限的基本模式。

派驻金融系统纪律检查组的领导体制是双重领导体制，区分为两种情况：第一，通常情况下，金融系统派驻纪检组由中央纪律检查委员会直接领导，但中央纪律检查委员会委托中国人民银行党组指导其日常工作。第二，金融系统派驻纪检组接受中央纪律检查委员会进行双重领导。（1）金融系统派驻纪检组接受中央纪律检查委员会的委托，会同中国人民保险公司、各专业银行、中国国际信托投资公司的党组，对各专业银行和公司的纪检组进行双重领导。（2）金融系统派驻纪检组接受中央纪律检查委员会的委托，与各省、自治区、直辖市党的纪律检查委员会对各省、自治区、直辖市派驻人民银行分行纪检组实行双重领导。

金融系统派驻纪检组设置在中国人民银行，列入中国人民银行编制，共三十名编制。派驻纪检组组长一名，享受副部长级待遇；副组长三名，享受正局级待遇。纪检组组长由中央予以任免；副组长、局级检查员由中央纪律检查委员会与中国人民银行党组商议后进行任免；处级以下干部由中央纪律检查委员会委托中国人民银行党组进行任免。

二、党内纪检派驻制度的撤销阶段

乔石于 1987 年 10 月在中央纪律检查委员会全体会议上作了题为《认真贯彻党的十三大精神，努力做好纪律检查工作》的报告。依据中国共产党第十三次代表大会报告中提出的“党政分开”原则分类管理人员，要求“搞好纪检机关的体制改革”“为适应党政分开和机构改革的需要，中央和地方纪检机关派驻政府各部门和国家有关部门的纪检组要逐步撤销，同时要适当充实有关机关纪委、地方纪委的力量。各级纪检机关要在机构调整中做好干部的思想工作，并会同组织、人事部门对有关人员作好妥善安排。”[①]

1988 年 7 月 27 日，中共中央同意并转发《中央纪委关于逐步撤销国务院各部门党组纪检组和中央纪委派驻纪检组有关问题的意见》。[②] 撤销安排具体如下：第一，不论驻在单位的党组撤销与否，中央纪委派驻纪检组在原则上均须撤销。派驻纪检组的撤销事宜在报请中央纪委批准同意后进行。第二，妥善安排中央纪委派驻纪检组撤销后其工作人员的工作，并及时进行工作移交。第三，中央纪委派驻纪检组的工作职责进行如下分流：由驻在单位的党委或纪委承担原本的党纪职责，并加强驻在单位纪委的工作；由相关行政机构承担原本的政纪职责；由地方相关部门承担地方职责。

中央纪律检查委员会、监察部按照党政分开的基本原则，制定了《关于党的纪律检查机关和国家行政监察机关在案件查处工作中分工协作的暂行规定》。到 1988 年底，中央国家机关所属部门纪检组的撤销工作基本完成，人员得到妥善安排。[③]

1988 年 8 月 18 日，中央纪律检查委员会、监察部发布《关于逐步撤销省级政府工作部门党的纪检组和组建行政监察机构问题的通知》。据此，部分省级政府部门启动撤销派驻纪检组工作，暂未撤销的部分派驻纪检组与新组建的派驻监察机构则采用“两个牌子、一套人马”的过渡形式。[④]

三、党内纪检派驻制度的重建阶段

基于纪检派驻机构对于党风廉政与反腐败工作的重要性，十三届中央纪委五次全会决定，依据《党章》要求在精简派驻人员的基

① 乔石：《认真贯彻党的十三大精神，努力做好纪律检查工作》（1988 年 3 月 20 日），载中共中央文献研究室编：《十三大以来重要文献选编（上）》，人民出版社 1991 年版，第 131 页。

② 参见《中共中央同意并转发中纪委意见逐步撤销国务院各部门纪检组和中纪委派驻纪检组》，载《人民日报》1988 年 8 月 1 日第 1 版。

③ 参见李雪勤主编：《中国共产党纪律检查工作 60 年（1949—2008）》，中国方正出版社 2009 年版，第 174 页。

④ 参见颜杰峰，唐锡康：《党的纪检监察派驻制度的历史脉络及其经验启示》，载《毛泽东邓小平理论研究》2020 年第 7 期。

础上继续加强派驻纪检组工作。[①] 自此，党内纪检派驻制度又开始恢复重建。[②]

1. 领导体制

中央纪律委员会派驻纪检组实行双重领导体制，接受中央纪律委员会、驻在单位的党组（党委）共同领导。派驻纪检组对驻在部门及其下属系统的党的纪检工作进行指导。如果派驻单位系统内部是实行高度集中统一领导的国务院部门，那么派驻纪检组则对驻在部门及其下属系统的党的纪检工作进行领导。中央纪委在金融系统的派驻纪检组接受中央纪委的委托，会同中国人民保险公司与各专业银行的党组，对中国人民保险公司、各专业银行的党组、纪检组进行双重领导。

双重领导体制主要体现在纪委派出机关与派驻纪检组的联系制度方面：第一，对中央纪委、驻在部门党组或党委的指示、决议与规定进行严格地贯彻执行；以中央纪委、驻在部门党组或党委的部署为依据，并结合本单位党风党纪的实际情况，制定年度工作计划并及时总结工作计划落实情况，按照规定向中央纪委与本单位党组或党委进行报告。第二，按时完成中央纪委及驻在单位的党组或党委布置的工作，并以半年为频率将工作进展情况及存在的主要问题以书面形式向中央纪委与驻在单位党组或党委进行报告。第三，如果发现驻在单位及其下属系统党风党纪方面的重大或倾向性问题，须随时向驻在单位的党组或党委请示报告，并同时抄送中央纪委。第四，派驻纪检组一般通过中央纪委相关纪律检查室，与中央纪委保持日常的工作联系。如果遇到特殊情况或重要问题可以随时向中央纪委请示报告，并直接向中央纪委常委请示报告。

2. 组织设置

派驻纪检组可依据实际需要，结合各自单位具体情况，设立必

① 乔石：《在中共中央纪律检查委员会第五次全体会议上的讲话》（1989 年 11 月 12 日），载中共中央文献研究室编：《十三大以来重要文献选编（中）》，人民出版社 1991 年版，第 728 页。

② 参见《中共中央纪委关于中央纪委派驻纪检组和各部门党组纪检组（纪委）若干问题的规定（试行）》（1991 年 4 月 23 日），载中共中央纪律检查委员会办公厅编：《1921—2000 中国共产党党风廉政建设文献选编》（第八卷），中国方正出版社 2001 年版，第 164—168 页。

要的办事机构——室。室主任的配备条件依据党的各级纪委内部机构和干部职务设置的相关要求进行。[①] 派驻纪检组组长、驻在单位党组纪检组组长须成为驻在单位的党组或党委成员；非党组或党委成员者，可列席驻在单位的党组或党委会议。

3. 工作职责

派驻纪检组的工作职责，具体如下：第一，就其驻在部门及其下属系统的党员领导干部、党组织对党的路线方针政策决议的贯彻执行情况进行检查。依据《党章》对驻在部门党组或党委及其成员、其他党员领导干部进行监督。第二，对驻在单位的党员领导干部违反党纪、驻在单位下属系统的重要违纪案件进行检查，并依据相关规定提出处理意见。驻在单位纪委具体按照隶属关系与干部管理权限，对所涉及案件中的党员做出相应处分决定。第三，协助驻在单位的党组或党委管好党风，配合相关部门对党员、党员领导干部进行党风党纪教育，纠正行业不正之风，全面加强廉政建设。第四，对驻在部门及其下属系统的党的纪律检查工作进行指导或领导。第五，接受并处理驻在部门及其下属系统的党员的控告、申诉。第六，履行派出机关与驻在单位党组（党委）安排的其他任务。

前一阶段“协助检查”“检查处理”“指导工作”的权限的基础上，派驻纪检组的职责增加了部分内容：第一，在协助管好党风的基础上，增加了“配合党风党纪教育”；第二，在“检查”的权限中划分为两部分：针对执行情况等党内一般检查强调了监督属性，针对党内违纪现象规定了“检查—处理”意见的权限，增加了“处理意见”，最终由有权限的部门纪委予以处分；第三，“指导”党的纪律检查工作范围划定为“驻在部门及其下属系统”；第四，增加了“接受并处理党员的控告、申诉”；第五，安排的其他任务。

4. 干部的配备与任免

第一，干部的配备。派驻纪检组设组长一人，设副组长一至二

---

① 参见《中央纪委、中央组织部关于党的各级纪委内部机构和干部职务设置的若干规定》（1988年），中纪发〔1988〕8号。

人。其中派驻中央国家机关部委的组长享受副部长级待遇，副组长享受正司局长级待遇。派驻国务院直属局的组长享受正司局长级待遇，副组长享受副司局长级待遇。派驻纪检组在纪检工作中，可视工作要求，配备正局级、副局级、正处级、副处级的纪律检查员。

第二，干部的任免。中央纪委与驻在部门的党组商议后，提出关于中央纪委派驻纪检组组长、副组长、局级检查员和副司局级室主任的人选，相应人选均须经过中央纪委考察。组长的任免，须由中央纪委报请中央同意后予以任免；副组长的任免，须由中央纪委报请中央组织部进行备案之后，再进行任免。[①] 其他工作人员的任免，由中央纪委委托驻在部门进行任免。

第二节　行政监察派驻制度的恢复阶段

一、监察部的重新组建

在行政监察机关撤销期间，党的纪律检查委员会负责惩治党员违反党的纪律行为，人民法院、人民检察院负责惩治违反国家法律的行为，但是没有专门权力机关负责惩治违反政纪的行为。《宪法》（1982 年）第 89 条第 8 项规定，国务院领导和管理监察等工作，在宪制背景下国家行政体制存在监察缺陷。为保证国家机关工作人员清正廉明工作，更好地为全面改革和四化建设服务，在政府系统中急需建立专门的监察机关，就国家行政机关任命的国营企事业单位的领导干部、国家行政机关及其工作人员在工作中对法律法规、国家政策的贯彻执行情况进行全面监督，并及时惩治违反政纪的行为，从而全面提高行政效能，确保社会主义建设事业的良性发展。在通过普法教育提高国家行政机关工作人员的法制观念的同时，亟

① 参见《中共中央纪委、中共中央组织部关于省、自治区、直辖市纪委和中央、国家机关各部门纪检组（纪委）领导干部任免审批程序的通知》（1992 年 4 月 17 日），载中共中央纪律检查委员会办公厅编：《1921—2000 中国共产党党风廉政建设文献选编》（第八卷），中国方正出版社 2001 年版，第 175—177 页。

需选拔一批原则强、作风好、政策通、业务精的干部加入监察队伍。[①]

重建的国家行政监察机关，与20世纪50年代的国家行政监察机关相比，有三方面的新发展：第一，监察对象的增减。监察对象新增了由国家行政机关任命的国营事业单位的领导干部，并将原来的所有国有企业及其工作人员减少为国家行政机关任命的领导干部。第二，双重领导体制。地方各级监察机关既要接受上级行政监察机关的领导，同时又要接受所在地区人民政府的领导。在上级监察机关同意后才能任免地方各级监察机关的主要领导干部。第三，工作权限。在原有的检查权、调查权和建议权的基础上，增加了"一定的行政处分权"。国家行政监察机关根据实际工作需要，可以对国家行政机关任命的国营企事业单位的领导干部、国家行政机关工作人员，给予记大过以下的行政处分。同时，国家行政监察机关提出的建议如果不被采纳时，可以向上级监察机关、国务院进行申告。

国家行政监察机关的工作职责，具体如下：第一，就监督对象对法律法规、国家政策的执行情况进行监督检查；第二，对监督对象违反法律法规、国家政策、政纪的行为进行监督与处理；第三，接受并处理监督对象不服纪律处分的申诉，并依据行政序列分别对经国务院任命的相关人员、经地方人民政府任命的相关人员的纪律处分事项进行审议；第四，接受个人、单位对监督对象违反法律法规、国家政策、政纪行为的检举与控告，并及时处理。

二、行政监察派出制度的恢复阶段

在1987年8月15日，《国务院关于在县以上地方各级人民政府设立行政监察机关的通知》规定，国家行政监察机关可以根据工

① 参见《乔石受国务院委托作关于提请设立中华人民共和国监察部议案的说明》，载《新华月报》1986年第12期。

参见《全国人民代表大会常务委员会关于设立中华人民共和国监察部的决定》，1986年12月2日第六届全国人大常委会第十八次会议通过，载《中华人民共和国国务院公报》1986年第33期。

作的实际需要设立派出机构。[①]《深圳市监察局暂行工作条例》第10条规定，“监察局根据工作需要，可向被监察单位派驻监察组或监察员进行监察”。[②]

1988年5月19日，经国务院同意，监察部在国家体委、安全部、司法部、中国人民银行、财政部、商业部、农业部、经贸部、林业部、水利部、建设部、地矿部、冶金部、公安部、机械电子部、能源部、航空航天部、化工部、外交部、纺织部、轻工部、铁道部、交通部、物资部、国家教委、邮电部、文化部、卫生部、广播影视部、海关总署、国家计委、中国民航局、国家旅游局，设立监察局；在国家科委、国家民委、国家物价局、民政部、人事部、审计署、劳动部、国家建材局、国家海洋局、国家工商局、国家医药局、国务院机关事务管理局、国务院侨务办公室，设立监察专员办公室，作为监察部派出机构。[③] 有关权力监督的职权分工具体如下：派出机构负责对驻在单位内部行政职能部门及其工作人员，以及由驻在单位直属企事业单位的领导干部进行行政监察；国务院部门主管干部、人事工作的机构负责对国务院其他部门进行行政监察，并且其监察业务由监察部进行指导。

1. 领导体制

派出监察局和监察专员办公室既属于监察部的派出机构，其监察业务工作以监察部领导为主；也属于驻在单位内部负责行政监察工作的专门职能部门，其日常工作由驻在单位领导；因此，由监察部、驻在单位共同领导。监察部与驻在单位共同协商关于监察派出机构的废立与变更问题，具体方案须由监察部报请国家机构编制委员会批准同意后方可实施。依据金融系统的领导体制，派驻在金融系统的监察局在接受监察部的委托后，主要负责金融系统的行政监察工作，会同保险公司、各专业银行对监察室进行双重领导。[④]

---

① 《国务院关于在县以上地方各级人民政府设立行政监察机关的通知》（1987年8月15日）。

② 参见《深圳市监察局暂行工作条例》（1987年）第十条，已废止。

③ 参见《国务院关于监察部设置派出机构的批复》（1988年5月19日），国函〔1988〕79号。

④ 参见《监察部关于监察部派出机构的领导体制及有关工作关系的几点意见》（1988年10月24日），监发〔1988〕54号。

监察部对派出机构的领导机制主要体现在以下方面：第一，派出机构对监察部的指示、决议和规定严格地进行贯彻执行，并及时完成监察部安排的工作，遇到重大问题时必须及时向监察部进行请示汇报；第二，监察案件的具体查处在原则上采取分级管理模式，具体如下：驻在单位司级、局级及其以下干部的违纪案件由派出机构负责查处；而部级干部的违纪案件由监察部负责查处。同时，派出机构须主动配合、协助监察部办理重大案件；第三，监察部相关业务局负责派出机构的业务工作的日常联系，并及时进行综合协调。监察部须邀请派出机构的负责人出席各部门相关会议，并向派出机构及时传达文件。派出机构的负责人可以直接向监察部领导反馈情况并汇报工作。第四，监察部对派出机构的工作必须予以支持与关心，尽量为派出机构的工作提供必要协助。

驻在单位对派出机构的领导机制主要体现在以下方面：第一，派出机构应当及时向驻在单位领导请示并报告监察工作；第二，派出机构须配合驻在单位的人事、审计、纪检等部门进行分工协作；第三，派出机构负责人须按时参加驻在单位相关工作会议与专业会议；第四，派出机构负责指导驻在单位下属单位的监察机构工作；第五，派出机构人员的党团组织关系、行政关系、工资福利等均由驻在部门依据规定负责管理。

派出机构与地方监察机关相应监察机构的联系机制，主要体现在以下方面：第一，派出机构是以国家监察部的名义来行使监察权力的，在其开展工作时各级地方监察机关及其派出机构均须积极配合；第二，地方政府内设的监察机构的相关业务工作主要由地方监察机构负责，监察部的派出机构可在必要时候进行指导；第三，中央直属企事业单位、或以中央部门领导为主的单位，监察机构的业务工作主要由派出机构负责，地方监察机构在必要的时候进行指导与协调。

2. 工作职责

国务院监察部派出机构的工作职责具体如下：第一，监督检查职责。首先，监督检查驻在单位及其工作人员对国家法律法规、方针政策的贯彻执行情况，对国务院决议、命令的贯彻执行情况，以及对国民经济和社会发展计划的贯彻执行情况。其次，监督检查驻在单位所属单位对国家法律法规、方针政策的贯彻执行情况，以及对部门决定、决议与部门规章制度的贯彻执行情况。

第二，调查处理职责。调查处理驻在单位及其工作人员违反法律、法规、政策和政纪案件执行分级立案：（1）派驻国务院部门的监察机构在面对国务院部门的直属单位厅局级别、地区专员级别的行政工作人员违反政纪的行为时，如果认为存在需要立案调查的问题，向驻在部门进行报告，并向监察部进行备案，最终由驻在部门决定是否立案。尚未设置派出监察机构的国务院部门，具体由监察部与相关部门商议后决定是否立案。（2）国务院部门的监察机构，在面对部门的正处级及其以下行政工作人员违反政纪的行为时，由其自行决定是否需要立案调查，遇到重大案件时必须向监察部进行备案；尚未设置监察机构的国务院部门，则由监察部与相关监察机构商议后决定是否立案。[①]

第三，调查研究职责。结合驻在单位的业务特点与工作性质，依据监察部的工作部署和具体要求，调查研究驻在部门的政纪政风情况，及时将倾向性问题或重大情况向监察部、驻在单位进行汇报。

第四，部分行政处分职责。派出机构对司局级以下干部的违纪行为，经过调查得出结论后，既可以直接按照相关规定做出政纪处分，也可以向驻在部门提出行政处分的监察建议；相关处分必须报请监察部进行备案。

第五，接受监督职责。接受并处理公民对国务院部门及其工作人员的检举、控告；接受并处理国务院部门及其工作人员不服纪律处分的申诉。

第六，内部监察权限。首先，保护权限。依照国家的法律、法规和相关政策，保护监察对象依法行使职权。其次，协助权限。协助驻在部门的相关机构对工作人员进行廉政教育，以忠诚、公正、

① 参见《监察机关调查处理政纪案件试行办法》（1988 年）第十二条，已废止。

廉明作为教育重点。再次，嘉奖权限。并对那些在工作中恪尽职守、清正廉洁、勇于与违法犯罪活动进行斗争的组织或个人，给予嘉奖。复次，建议权限。可对驻在单位的下属单位设立监察机构提出建议，并对其废立与合并事宜、主要干部的任免提出意见，并定期检查了解其履职情况。最后，其他权限。执行监察部、驻在单位领导安排的其他工作。

相较于前一阶段分散于不同部门的行政监察室、派驻县监察组制度，这一阶段在一般意义上全面概括了监察派驻机构的职责。具体表现为：第一，细化了监督检查权限，区分“驻在部门及监察对象”与“驻在部门的下属单位”进行监督检查；第二，在监督检查的范围方面，注意区分派驻监察与内部监察的差异；第三，在调查处理权限方面，新增了按照干部级别进行权限划分；第四，增加了“依照国家的有关政策、法律和法规保护监察对象依法行使职权”；第五，强调了监察派出机构对驻在单位以及下级监察机构的“领导”“指导”权限，增加了“对驻在单位是否设立监察机构”的建议权；新增了“对下属监察机构的废立事宜、主要干部的任免”的意见权。另外，相较于行政监察部门的权限，其监察权限较为有限，主要体现在调查与处理权限。

3. 干部配备与保障

监察专员办公室、派出监察局的编制由监察部集中掌握，一共585人。监察部将具体的人员编制、工作经费划拨给驻在部门。其后勤保障由驻在部门负责解决。[①]

监察干部主要从各部门现有干部中进行选调。由监察部在与驻在单位协商后，办理监察派出机构内部关于副局级以上领导干部的调动、奖惩和任免。驻在单位接受监察部的委托，由其人事部门与派出机构商议后决定派出机构处级以下领导干部任免，任免事宜须报请监察部进行备案。[②]

① 参见《国务院关于监察部设置派出机构的批复》（1988年5月19日），国函〔1988〕79号。

② 参见《监察部关于监察部派出机构的领导体制及有关工作关系的几点意见》（1988年10月24日），监发〔1988〕54号。

第三节　乡（镇）检察室试行阶段

一、检察组织的改革

1982年《宪法》在第三章第七节重新规定了检察机关相关职权。首次提出人民检察院是国家的法律监督机关，明确了检察院的宪定性质。检察院的组织设置包括最高人民检察院、地方各级人民检察院和军事检察院等专门人民检察院，其组织采取法律保留原则，由法律予以规定。检察院依照法律规定独立行使检察权，不受行政机关、社会团体和个人的干涉。检察院采取垂直领导体制，最高人民检察院领导地方各级人民检察院和专门人民检察院的工作，上级人民检察院领导下级人民检察院的工作。各级人民检察院对领导它的国家权力机关和上级人民检察院负责。

1983年9月2日，第六届全国人民代表大会常务委员会第二次会议决定对《中华人民共和国人民检察院组织法》进行修改。首先，在检察院组织设置中删去专门人民检察院的具体范围，修改为军事检察院等专门人民检察院。其次，将检察院的内设机构进行抽象设置，取消之前具体的刑事、法纪、监所、经济等检察厅。最后，依据1982年《宪法》对任免权的调整，仅省级、县级人民检察院检察长的任免进行调整。针对省级人民检察院检察长的任免，须报最高人民检察院检察长提请全国人民代表大会常务委员会批准；县级人民检察院检察长的任免，须报上一级人民检察院检察长提请该级人民代表大会常务委员会批准。

1986年12月2日，第六届全国人民代表大会常务委员会第十八次会议通过《关于修改〈中华人民共和国地方各级人民代表大会和地方各级人民政府组织法〉的决定》，对省级人民检察院分院正副检察长、检察委员会委员与检察员的任免进行补充规定。省级人民检察院检察长由省级人大任免，检察院分院检察长、检察院与检察分院的副检察长、检察委员会委员、检察员，均由省级人民检察院检察长提请本级人大常委会任免。

第六届全国人民代表大会常务委员会在 1983 年 9 月 2 日、1986 年 12 月 2 日召开的两次会议分别对《中华人民共和国人民检察院组织法》(1979 年）进行了二次修正，但均未涉及检察派驻相关规定。

二、乡（镇）检察室的初步设立

1989 年 2 月 20 日，依据《中华人民共和国人民检察院组织法》(1979 年)，最高人民检察院设置了人民检察院乡（镇）检察室，以加强人民检察院的基层检察工作。[①] 县级、区级人民检察院可以根据工作实际，在乡（镇）地区重点设置检察院的派出机构——检察室。县级、区级人民检察院决定检察室的设置与撤销，由检察长报请本级人民代表大会常务委员批准同意。

检察室采取垂直领导体制，乡（镇）检察室在派出它的人民检察院领导下工作，工作人员由派出它的人民检察院委派。

检察室均设置一名主任，负责领导检察室的日常工作；在工作需要的时候可以设置一名副主任；另设检察员、助理检察员与书记员若干人。

检察室的工作人员必须遵守如下准则：坚持四项基本原则，恪守《检察人员纪律》，坚持社会主义法制原则；密切联系群众，全心全意为人民服务；以事实为依据，以法律为准绳；清正廉洁、兢兢业业。

乡（镇）检察室的任务是：第一，对属于检察机关职责范围、发生在所驻区域内的刑事案件，在立案前开展调查工作；第二，对经过人民检察院核准立案的刑事案件，进行刑事侦查；第三，接受并处理所驻区域内公民的举报、控告与申诉；第四，接受违法犯罪分子投案自首；第五，对所驻区域内剥夺政治权利、管制、假释、缓刑和实行监外执行人员的管理教育工作进行法律监督，如果发现

① 《人民检察院乡（镇）检察室工作条例（试行）》(1989 年)，已废止。

问题须及时向执行机关提出纠正意见；第六，就检察职责范围内事宜提出检察建议；第七，开展调查研究，并积极参加所驻区域的社会治安综合治理活动；第八，将所驻区域与检察业务相结合，积极开展法制宣传活动；第九，完成派出检察院安排的其他任务；第十，与公安、法院、司法、民政等部门派驻乡（镇）的机构密切配合联系，共同维护社会主义法制秩序。

第三章　纪检监察派驻制度的合署办公改革阶段

第一节　中央纪检、国务院监察部派驻机构的合署办公改革阶段

一、改革进程

1993年2月22日，经中共中央、国务院的批准，根据《中共中央、国务院批转中央纪委、监察部〈关于中央纪委、监察部机关合署办公和机构设置有关问题的请示〉的通知》，全面启动中央纪委、监察部合署办公改革进程。全新的改革形势进一步强化了党的纪律检查机构与行政监察机关的监督职能，有利于集中抓好党风廉政建设，全面落实“两手抓，两手都要硬”战略方针，精简机构、人员并避免工作重复，全面提升党政监督机关的整体效能。①

1993年5月18日，中央纪委、监察部发布《关于中央直属机关和中央国家机关纪检、监察机构设置的意见》。其中明确了中央纪检、监察部派驻机构的组织设置形式、领导体制、干部管理等方面的内容，初步形成了纪检监察合署办公后的初步工作模式。②

1994年8月5日，依据《关于中央纪律检查委员会、监察部派

---

① 参见《中共中央、国务院批转中央纪委、监察部〈关于中央纪委、监察部机关合署办公和机构设置有关问题的请示〉的通知》（1993年2月22日），载中共中央纪律检查委员会办公厅编：《1921－2000中国共产党党风廉政建设文献选编》（第八卷），中国方正出版社2001年版，第182－188页。

② 参见《中央纪委、监察部关于中央直属机关和中央国家机关纪检、监察机构设置的意见》（1993年5月18日），载中共中央纪律检查委员会办公厅编：《1921－2000中国共产党党风廉政建设文献选编》（第八卷），中国方正出版社2001年版，第189－193页。

驻纪检监察机构和人员编制的通知》[①]，同时结合民政部的具体实际，制定了《中共中央纪委、监察部驻民政部纪检组、监察局职能配置、内设机构和人员编制方案》。主要从中共中央纪委、监察部驻民政部纪检组、监察局的主要职责、领导体制和内设机构、人员编制和领导职数三方面予以具体化。[②] 这是纪检监察合署办公后，纪检派驻制度领域制定的具体的规范性文件。

1997 年 5 月 9 日，《中华人民共和国行政监察法》实施，第 8 条规定了行政监察派驻制度的领导体制和派驻要求。[③]

表四：纪检监察合署办公改革阶段重要规范列表

序号	时间	规范名称
1	1993 年 1 月 7 日	《关于中央纪委、监察部机关合署办公和机构设置有关问题的请示》
2	1993 年 2 月 20 日	《中共中央、国务院批转中央纪委、监察部〈关于中央纪委、监察部机关合署办公和机构设置有关问题的请示〉的通知》
3	1993 年 5 月 18 日	《中央纪委、监察部关于中央直属机关和中央国家机关纪检、监察机构设置的意见》
4	1993 年	《中央纪委、监察部关于中央纪律检查委员会、监察部派驻纪检监察机构和人员编制的通知》
5	1994 年 8 月 5 日	《中共中央纪委、监察部驻民政部纪检组、监察局职能配置、内设机构和人员编制方案》
6	1994 年 2 月 2 日	《中共中央纪律检查委员会机关、监察部职能配置、内设机构和人员编制方案》
7	2000 年 9 月 4 日	《中共中央纪律检查委员会、中共中央组织部、中共中央机构编制委员会办公室、监察部关于加强中共中央纪委、监察部派驻纪检、监察机构管理的意见》

资料来源：作者自制。

① 参见《关于中央纪律检查委员会、监察部派驻纪检监察机构和人员编制的通知》（1993 年），中编办〔1993〕61 号。

② 参见《中共中央纪委、监察部驻民政部纪检组、监察局职能配置、内设机构和人员编制方案》（1994 年 8 月 5 日），民人发〔1994〕26 号。

③ 参见《中华人民共和国行政监察法》（1997 年），已废止。

二、中央纪委、监察部的组织调整

在加快改革开放和现代化建设新形势下，中央纪委、监察部的合署办公是进一步加强党的纪律检查、行政监察职能的重要举措，既有利于集中抓好党风廉政建设，又有利于提升党政监督机关的整体监督效能，进而形成合力以促进经济建设。[①]

1. 职责调整

中央纪委与监察部合署后，实行一套工作机构、两个机关名称的体制。既要履行党的纪律检查职能完成纪检工作，又要履行政府行政监察职能完成监察工作，并向党中央全面负责。中央纪委的所有常委对其分管部门的行政监察工作均有权进行处理。地方各级的党的纪律检查委员会与监察机关合署后，同时接受上级纪检监察机关与所在政府的双重领导。各级党委、政府必须全面支持合署后的纪检监察机关，尤其在工作条件方面，并必须进一步加强对其的领导。

依据《宪法》规定，监察部仍然隶属于中央人民政府，仍须在国务院的领导下工作，不再另行设立党组。监察部的正副部长是党员的，而且已经属于中央纪委常委的，必须在常委会的统一领导下开展工作，其任免仍依据原来的法定程序进行。为了方便监察部领导班子同时对中央纪委常务委员会、国务院负责，在常委的具体分工方面，监察部的正副部长重点分管执法监察室、监察综合室以及中央国家机关纪检监察室的具体工作。监察部在合署后，除了由中央纪委常务委员会集体讨论决定重大问题之外，由正副部长、部长办公会等部长办公会制度依据法定职权对其他问题进行处理。其中，如果副部长不是党员，则其按照具体分工仅处理行政监察事宜，由部长负责党纪和党内事务。监察部的工作程序、具体职责，以及与国务院及其部门的工作关系等，仍继续执行《中华人民共和

① 参见《中共中央、国务院批转中央纪委、监察部〈关于中央纪委、监察部机关合署办公和机构设置有关问题的请示〉的通知》（1993 年 2 月 22 日），载中共中央纪律检查委员会办公厅编：《1921—2000 中国共产党党风廉政建设文献选编》（第八卷），中国方正出版社 2001 年版，第 182—188 页。

国行政监察条例》。

2. 机构调整

两部门合署后，根据“功能相似的单位合并、功能较弱的单位强化”的基本原则，共设二十三个厅、室、局，比原来的三十个减少23%。具体设置如下：第一，将原本的十七个综合部门，调整为办公厅、机关党委、干部室、宣教室、法规室、研究室、信访室（举报中心）、案件审理室、老干部局、机关事务管理局十个部门。第二，将原本的十三个专业纪检室、监察司调整为九个专门纪检监察室。其中，四个纪检监察室具体负责地方的纪检监察工作，五个纪检监察室具体负责中央与国家机关的纪检监察工作。第三，新设四个室：（1）执法监察室，负责对党的路线、方针、政策和国家法律、法规和决定、命令的贯彻执行情况进行监督检查；（2）监察综合室，负责收集行政监察工作情况，并及时处理行政监察日常业务；（3）党风廉政建设室，负责对党风廉政建设情况进行监督检查、综合分析，并履行国务院原来的纠正行业不正之风办公室的职责；（4）外事局，将原监察部外事办公室改建为外事局。改建前，外事办公室继续履行其职责，由监察综合室代管。第四，保留由中央纪委代管的“两案”审理办公室。第五，设立若干事业单位：北京纪检监察干部培训中心、信息中心（计算机中心）、北戴河纪检监察干部培训中心、电化教育中心（声像出版）、报社、《中国监察》杂志社、《党风与党纪》杂志社、出版社、纪检监察研究所（学会）、综合服务公司。地方各级纪检、监察机关在合署后的内部组织设置，并不要求上下对口的标准模式，可根据实际情况自主设置。

3. 干部管理

合署中须慎重细致地做好干部工作，保持干部队伍的稳定和团结，保持工作的连续性。根据工作需要和德才兼备原则，配备好机关各个职能部门的领导班子。对室、处两级领导干部的调整，坚持平级调动的原则，进行妥善安排。其他干部，按成建制对口调动、个别调整的原则，安排到新的厅、室、局中工作；干部调动、职务调整以及离退休工作，均依据之前的正常程序予以办理。合署后的干部配备和干部职务序列，继续执行《中共中央纪律检查委员会、中央组织部关于颁发〈关于党的各级纪委内部机构和干部职务设置的若干规定〉的通知》《中央办公厅转发〈中央纪律检查委员会关于纪律检查机关组织建设几个问题的请示〉的通知》以及《中华人民共和国行政监察条例》关于设置监察专员等职务的规定。有关机关工作人员按国家规定参加有关专业技术职务的评聘。

继续坚持执行关于民主党派、无党派人士在监察部与各级监察机关担任领导职务的制度。为了在监察机关内充分发挥非党员领导干部参政的积极功能，监察部要根据条件逐步增加任职人数，并为他们履职积极创造各种条件，真正做到有职有权。

三、中央一级纪检、监察派驻制度

截至 1993 年 5 月，中央纪委、监察部依据党章、行政监察条例相关规定向中央一级党和国家机关进行了派驻，向五十二个部门一共派驻了纪检、监察机构六十六个。其中中央纪委、监察部在十四个单位实行双派驻，中央纪委在六个单位实行单派驻，监察部在三十二个单位实行单派驻。中央一级的纪检、监察派驻制度，有利于对党中央的路线方针政策进行贯彻执行，有利于维护党章和国家法律法规，有利于协助党组织整顿党风与纠正行业不正之风，全面加强党风廉政建设。[①]

1. 机构设置

在适应改革开放的新形势下，以强化纪检、监察职能为基本原则，完善中央一级纪检、监察机构的组织设置。中央一级纪检、监察机构分别为纪律检查委员会、纪律检查组、监察局、监察专员办公室。依据党章与行政监察条例相关规定，中央纪委、监察部可以向中央直属机关、中央国家机关中的部分意识形态部门、重要经济

① 参见《中央纪委、监察部关于中央直属机关和中央国家机关纪检、监察机构设置的意见》（1993 年 5 月 18 日），载中共中央纪律检查委员会办公厅编：《1921－2000 中国共产党党风廉政建设文献选编》（第八卷），中国方正出版社 2001 年版，第 189－193 页。

部门，行政执法监督部门、司法部门派驻纪检、监察机构。

中央一级纪检、监察派驻机构，也实行一套工作机构、两个机构名称，履行纪检与监察两种职能。中央纪委、监察部均派驻和内设纪检组、监察机构的部门，两者合署办公。由行政监察机构派驻监察机构，中央纪委实行内设的部门，党组纪委或纪检组与派驻监察机构合署办公。由中央纪委派驻纪检组，行政监察机构实行内设的部门，纪检组同行政监察机构合署办公。

2. 派驻形式

中央直属机关和中央国家机关的纪检、监察派驻形式划分为双派驻和单派驻。

第一，双派驻。（1）保留原本的双派驻机构。保留原来实行双派驻的国务院部门纪检、监察派驻机构。具体如下：对外贸易经济合作部、冶金工业部、地质矿产部、化学工业部、建设部、邮电部、国家教委、广播电影电视部、文化部以及金融系统。保留中央纪委、监察部派驻海关总署的纪检、监察机构。（2）原本的单派驻调整为双派驻。原本实行监察单派驻或纪检单派驻的国务院直属机构或办事机构调整为纪检、监察双派驻。具体如下：国务院侨务办公室、新闻出版署、国家旅游局、国家工商局。原本实行监察单派驻的国务院部门，中央纪委新设派驻纪检组。具体如下：审计署、水利部、农业部、国家体委、民政部、国家科委、交通部、国家计委、财政部、司法部、卫生部、林业部。（3）新增双派驻机构。中央纪委、监察部在新组建的国务院部门等设立派驻纪检、监察机构。具体如下：机械工业部、国家经贸委、电子工业部、国内贸易部、煤炭工业部、国家税务总局。

第二，单派驻。（1）纪委单派驻。保留中央纪委派驻最高人民检察院、新华通讯社、中国社会科学院、人民日报社、中国科学院的纪检组和内设监察机构。最高人民法院党组纪检组调整为中央纪委派驻纪检组，内设监察机构保留。（2）监察单派驻。保留监察部派驻中国民用航空总局、国家安全部、公安部、铁道部、外交部、国家海洋局、国家民委、人事部、劳动部的监察机构。监察部在国家地震局保留其党组纪检组，并设立派驻监察机构。

第三，不派驻。中央国家机关、国务院下属事业单位和企业中尚未派驻纪检、监察机构，如果人数众多且实行垂直管理体制的，须设立党组纪检组、行政监察机构。

3. 领导体制

中央一级的派驻纪检、监察机构，既要接受中央纪委、监察部的领导，又要接受驻在单位的党组、行政领导的领导，其中业务工作主要接受中央纪委、监察部领导。派驻纪检组组长必须成为驻在单位的党组或党委成员，非党组或党委成员者必须列席驻在单位的党组或党委会议。

4. 干部配备与管理

中央纪委、监察部依据工作需要，以效能、精干为原则确定派驻纪检、监察机构的实际编制，并进行统一划拨。实行合署办公的监察局局长、监察专员办公室专员，由纪检组副组长担任。派驻纪检组组长一人，副组长一到二人。派驻监察局局长、监察专员办公室专员一人，副局长、副专员一到二人。派驻机构的内设办事机构均为室，主任一人，副主任一到二人。派驻机构可依据工作需要设局级、处级纪律检查员与监察员，均为实职。驻在部门负责派驻纪检、监察机构的人员的工资、住房、福利待遇以及离退休安排等。

四、中央纪委、监察部驻民政部纪检组、监察局制度

依据中央机构编制委员会办公室《关于中央纪律检查委员会、监察部派驻纪检监察机构和人员编制的通知》精神，民政部结合工作实际，全面规范了中共中央纪委、监察部驻民政部纪检组、监察局的组织设置、领导体制、工作职责与干部配备。①

1. 领导体制

派驻民政部纪检组、监察局实行双重领导体制，既要接受中共中央纪委、监察部的领导，又要接受民政部党组的领导，其中业务

① 参见《中共中央纪委、监察部驻民政部纪检组、监察局职能配置、内设机构和人员编制方案》（1994年8月5日），民人发〔1994〕26号。

工作主要接受中共中央纪委、监察部领导。派驻民政部纪检组、监察局实行合署办公，一个工作机构两个机构名称，履行纪检与监察两种职能。纪检组、监察局与民政部内设纪委也实行合署办公。

2. 内设机构

派驻民政部纪检组、监察局的内设机构如下：第一，纪检监察室。具体职责如下：就民政部内部机关、下属单位及其领导对党中央与国务院的路线、方针、政策贯彻执行情况进行监督；就民政部内部机关、下属单位及其领导对民政部党组的方针政策的贯彻执行情况进行监督；依据民政工作实际进行执法监察工作；负责核实、调查民政部党员领导干部，以及其直属单位主要负责人违反党纪、政纪案件与其他重要复杂案件；受理涉及民政部门有关党纪、政纪问题的检举、控告和申诉；对相关部门调查与处理处级以下干部违反党纪、政纪案件进行督促、协助和指导；参与民政部相关部门开展的监督检查活动；对民政系统内部的纪检监察业务工作进行指导。

第二，办公室。负责对派驻纪检监察工作情况进行收集、协调与研究；承担民政部系统纪检监察人员的业务培训、指导工作；负责派驻机构的文书档案管理、行政事务、人事工作和后勤保障；协助民政部人事部门选配下属单位的纪检监察人员；主办《民政部纪检监察信息》，并负责纪检监察的宣传教育；负责民政部直属机关纪委的日常工作。

3. 工作职责

中共中央纪委驻民政部纪检组的工作职责，具体如下：第一，对民政部党组抓好党风廉政建设进行协助，并配合相关部门对党员、党员领导干部进行党风党纪教育。第二，依据党章就民政部及其下属单位的党组织和党员领导干部对党的路线方针政策决议的贯彻执行情况进行监督检查。第三，对民政部党员领导干部违反党纪的案件、系统内部的重要违纪案件进行检查，并依据规定提出处理意见。第四，接受并处理对民政部党员的控告和申诉。第五，对民政部及其下属单位的党的纪律检查工作进行指导。第六，办好中央纪委、民政部党组安排的其他工作。相较于《中共中央纪律检查委员会关于中央纪委派驻纪检组和各部门党组纪检组（纪委）若干问题的规定（试行）》[①]，派驻纪检组的职责没有变化。

监察部驻民政部监察局的工作职责，具体如下：第一，协助配合相关部门对监察对象进行政纪教育。第二，监督检查民政部与其下属单位及其工作人员对法律法规、国家方针、政策，国务院决议、命令的贯彻执行情况。第三，监督检查民政部与其下属单位及其工作人员对民政部规章制度等的贯彻执行情况。第四，对监督对象违反法律法规、政纪和政策的行为进行调查与处理。第五，在对司级以下干部的违纪案件得出结论后，向相关部门提出政纪处分建议，或依据规定直接做出政纪处分。第六，对民政部的政纪与政风情况进行调查研究，并及时向派驻机构领导进行汇报。第七，接受并及时处理对监督对象的控告与检举。第八，接受并及时处理监督对象对纪律处分不服的内部申诉。第九，依据国家法律、法规和相关政策，保护监察对象依法行使监察职权。第十，完成监察部、民政部领导安排的其他工作。相较于前一阶段的行政监察派出机构职责有细微变化：第一，减少了对忠于职守、廉洁奉公、敢于同违法违纪行为作斗争的单位和个人提出表彰和奖励的建议权。第二，减少了对驻在部门的归口管理单位和直属单位监察机构的设立建议权，以及对下属监察机构的设立、合并、撤销及主要干部的任免意见权。

4. 干部配备

中央编制委员会办公室，在与中共中央纪委、监察部进行商议后，核准派驻民政部纪检组、监察局的行政编制为八人。纪检组长一名，享受副部长级待遇。纪检组副组长兼任监察局局长一名，监察局副局长一名，处级领导四名。驻民政部纪检组、监察局可依据实际需要，设置局级、处级纪律检查员与监察专员。

---

① 参见《中共中央纪委关于中央纪委派驻纪检组和各部门党组纪检组（纪委）若干问题的规定（试行）》（1991 年 4 月 23 日），载中共中央纪律检查委员会办公厅编：《1921—2000 中国共产党党风廉政建设文献选编》（第八卷），中国方正出版社 2001 年版，第 164—168 页。

驻民政部纪检组、监察局的干部配备、管理与任免均须执行《中组部关于党的各级纪委内部机构和干部职务设置的若干规定》[①]《国家公务员暂行条例》《中华人民共和国行政监察条例》以及民政部相关干部管理规定。民政部负责派驻机构人员的工资、住房、福利待遇、离退休安置以及日常管理等工作。

五、中央纪委、监察部驻国家环境保护总局纪检、监察制度

国家环境保护总局根据《中共中央纪律检查委员会、监察部派驻纪检、监察机构职能配置、机构调整和编制配备方案》要求，结合具体实际，全面规定了中央纪委、监察部驻国家环境保护总局纪检组、监察局的组织设置、领导体制、工作职责与干部配备。[②]

1．领导体制

驻国家环境保护总局纪检、监察机构采取双重领导体制，中央纪委、监察部派驻环保总局纪检组、监察局既要接受中央纪委、监察部的领导，又要接受环保总局党组、行政的领导，主要接受中央纪委、监察部领导。

第一，确立省级环保局的纪检监察机构定期向中央纪委、监察部驻总局纪检监察机构报告工作的制度。省级环境保护局纪检监察机构须定期向驻总局纪检监察机构报告工作，于每年1月31日前将上一年度纪检、监察工作情况进行总结，写出书面报告，一式两份报驻总局纪检组办公室；对于重大违法案件和党风廉政建设方面存在的突出问题和社会反映强烈的问题，要随时报告或定期报告；若发现驻在单位的党组成员、行政领导存在违反党纪、政纪的情况，应当依据党章和行政监察法的规定进行初步核查，在向省纪委、监察厅报告的同时，向驻总局纪检组、监察局报告。

第二，形成环保系统纪检监察机构工作联系制度。驻总局纪检

① 参见《中组部关于党的各级纪委内部机构和干部职务设置的若干规定》（1988年6月），中纪发〔1988〕8号。

② 参见《中共中央纪律检查委员会、监察部派驻国家环境保护总局纪检、监察机构职能配置、内设机构和人员编制方案》，环党组〔2000〕36号。参见《关于建立中央纪委、监察部驻总局纪检监察机构与地方环保系统纪检监察机构工作联系制度的意见》（2000年6月）。

监察机构于每年年初制订工作要点印发给各省、自治区、直辖市、计划单列市及副省级城市环保局纪检监察机构，对全国环保系统纪检监察工作进行统一部署和安排。各省、自治区、直辖市环保局要按照，总局的部署和安排结合本单位、本地区的实际做出具体安排，并将安排意见报总局纪检组、监察局。驻总局纪检监察机构对总局机关和直展单位做出工作部署，制定规定、制度、办法等时，抄送各省级环保局；各省区市纪检监察机构也应将制定的相应规定、制度上报总局纪检组、监察局。驻总局纪检监察机构每一至二年须召开一次全国环保系统纪检监察相关工作会议，副省级以上环保局纪检监察机构负责人必须参加，研究讨论纪检监察工作；各省区市纪检监察机构应结合实际召开相应的纪检监察工作会，研究部署工作，驻总局纪检监察机构不定期组织全国环保系统纪检监察机构、人员总结交流工作经验；各省区市纪检监察机构有责任和义务向总局推荐好的经验与做法。驻总局纪检监察机构的工作简报、工作信息等印发给各省级环保局纪检监察机构；各省区市纪检监察机构也应将相关信息报送总局纪检组、监察局。驻总局纪检监察机构与地方环保局协商，可抽调地方纪检监察人员参加驻总局纪检监察机构组织的检查、执法监察以及重大案件的调查。各省级环保局在向省级纪检监察部门上报有关领导干部廉洁自风方面的材料和统计报表时，应抄报给驻总局纪检组、监察局。驻总局纪检组、监察局指定其办公室负责与地方环保局纪检监察机构的工作联系。

2. 主要职责

驻国家环境保护总局纪检组、监察局的工作职责，具体如下：第一，依据《中国共产党章程》《行政监察法》规定，就环保系统及其工作人员对党的路线方针政策的贯彻执行情况进行监督检查；对国家法律、法规的遵守情况进行监督检查；对国务院决定、决策的执行情况进行监督检查。第二，协助环保总局党组进行党风廉政建设，会同相关部门对党员、领导干部进行党纪与政纪教育，纠正行业不正之风。第三，对环保系统执行党风廉政责任制的情况进行监督检查。第四，对监督对象违反党纪、政纪案件的调查处理工作，并协助地方对省级环保部门主要领导干部违反党纪、政纪的案件进行调查处理。第五，接受并处理对检查、监察对象的控告、申诉。第六，对环保总局党组研究制订环保系统内部防治腐败举措进行协助，并进行督促、协调贯彻落实。第七，对环保总局直属单位纪检机构建设提出意见，并对环保总局管理的主要领导干部的任免、调动、奖惩进行监督；第八，对环保系统及其下属单位的纪检监察工作进行业务指导；第九，办好中央纪委、监察部以及驻在单位党组、总局领导安排的其他工作。

驻总局纪检监察机构如发现地方纪检监察机构对管辖范围内发生重大违纪问题不制止、不查处、瞒案不报、压案不办、造成后果的；或者不认真履行监督职责，对明令禁止的不正之风长期失察，造成影响的；或者不履行驻总局纪检监察机构部署的各项工作，由于主观原因贯彻落实不得力的；不按时上报工作总结和报表的，要追究该纪检监察机构主要负责人的责任，对严重不负责任的，提出处理和调整建议。

3. 内设机构

驻国家环境保护总局纪检组、监察局内设两个职能机构。第一，纪检监察办公室，协助纪检组长、监察局长组织协调机关日常办公。主要职责如下：负责制订纪检组、监察局各项规章制度，负责会议组织、文电信息处理、信访及举报接待处理工作；负责编制工作计划、起草工作总结和重要会议文件，并负责有关统计工作；会同环保总局机关纪委做好环保总局机关、直属单位党风廉政建设，坚持对党员干部进行党纪、政纪教育；监督检查环保总局机关、直属单位党风廉政建设责任制执行情况；负责制订环保总局和全国环保系统预防和治理腐败的措施，并督促、协调措施的贯彻执行；受理对检查、监察对象的控告及申诉；负责全国环保系统纠正行业不正之风工作；负责与中央纪委、监察部的工作联系，并负责与地方纪检、监察部门以及全国环保系统纪检、监察机构的工作联系；完成上级领导交办的其他事项。

第二，纪检监察综合室，协助纪检组长、监察局长调查和审理违法违纪案件；负责环保总局机关和直属单位的内部审计工作，与内部审计合署办公。具体职责包括：就环保系统对党的路线方针政策的贯彻执行情况进行监督检查；对国家法律法规的遵守情况进行监督检查；对国务院决定决策的执行情况进行监督检查；对环保执法监察活动的组织、协调情况进行监督检查；负责检查、监察对象违反党纪、政纪案件的调查处理工作，协助地方对省级环保部门主要领导干部违反党纪、政纪的案件进行调查处理；负责案件审理的联络工作；负责环保总局机关和直属单位领导干部离任审计工作；负责环保总局机关和直属单位的财务审计、基本建设项目投资预算审计以及其他与审计有关的事项；完成上级领导交办的其他事项。

4. 干部配备与培训

驻国家环境保护总局纪检组、监察局人员编制为八名。领导职数两名，其中纪检组长一名，监察局长或副局长一名；内设职能机构的副司级正职共两名。驻总局纪检监察机构可以对全国环保系统纪检监察机构及其工作人员进行表彰、奖励。

驻总局纪检监察机构负责制订全国环保系统纪检监察机构工作人员业务培训规划，每年培训1—2次，在五年内实现全系统县级以上纪检监察机构的主要领导全员培训。各省区市纪检监察机构也要制定分级培训计划。驻总局纪检监察机构可以适当安排地方环保系统纪检监察干部参加中纪委、监察部组织的各类业务培训。

六、行政监察派驻法治化

第八届全国人民代表大会常务委员会第二十五次会议在1997年5月9日通过了《中华人民共和国行政监察法》。[①] 其中第八条规定，县级以上人民政府的监察机关，可以依据工作的实际需要在本级人民政府的同意下，向政府所属部门派出监察机构或监察人员。这正式在法律层面确立了行政监察派驻制度，开启了行政监察派驻的法治化时代。行政监察派驻制度采取垂直管理体制，派出的监察机构或监察人员，必须对派出监察机关负责，并及时报告工作。

① 《中华人民共和国行政监察法》(1997年)，已废止。

第二节 加强派驻纪检、监察机构管理阶段

为了充分发挥中央纪委、监察部派驻纪检、监察机构在党风廉政建设、反腐败斗争中的重要作用，依据中央规定、中央纪委第四次全会精神，必须加强对派驻机构的管理。2000年9月4日，中共中央纪律检查委员会、中共中央组织部、中共中央机构编制委员会办公室、监察部发布《关于加强中共中央纪委、监察部派驻纪检、监察机构管理的意见》进一步规定了纪检、监察派驻机构的领导体制、干部管理、工作制度和职责任务等。[①]

1. 领导体制

中央纪委、监察部派驻纪检、监察机构继续采取双重领导体制，是中央纪委、监察部的组成部分。既要接受中央纪委、监察部的领导，又要接受驻在部门党组或党委、行政的领导，主要接受中央纪委、监察部领导。另一方面，中央纪委、监察部也在一些地方进行试点改革，即在派出机关的领导下对派驻机构进行垂直管理改革。[②]

派出机关对派驻机构的联系制度主要体现在：第一，请示报告制度。派驻机构须就工作事宜及时向中央纪委、监察部进行请示汇报，其主要负责人须定期述职，如果遇到重要事项可随时报告。[③]第二，指导、检查、考核。中央纪委、监察部加强对派驻机构工作的检查与指导，对派驻机构领导班子及其成员进行定期或不定期考察与考核。

---

① 参见《中共中央纪律检查委员会、中共中央组织部、中共中央机构编制委员会办公室、监察部关于加强中共中央纪委、监察部派驻纪检、监察机构管理的意见》（2000年9月4日），中纪发〔2000〕10号。

② 参见尉健行：《坚定信心加大力度深入推进党风廉政建设和反腐败斗争——在中共中央纪律检查委员会第四次全体会议上的工作报告》（2000年1月12日），载《中国监察》2000年第2期。

③ 参见尉健行：《坚定信心加大力度深入推进党风廉政建设和反腐败斗争——在中共中央纪律检查委员会第四次全体会议上的工作报告》（2000年1月12日），载《中国监察》2000年第2期。

2. 工作职责

派驻机构的职责主要表现为监督—报告—初步核实。派驻机构须依据党内法规和行政监察法律法规，以监督职能为重点，对驻在单位党委或党组、行政领导班子及其成员进行监督。如果发现其存在违反党纪、政纪的情形，须及时向中央纪委、监察部汇报，并依据相关权限进行初步核实。这是第一次在派驻机构的职能中增加“初步核实”的权限。

另外，派驻纪检、监察机构实行工作责任制，建立责任追究制度，具体体现在以下方面：第一，派驻机构如果未能及时发现驻在单位及其下属单位发生的严禁的不正之风，或者在发现之后既不制止也不调查；第二，派驻机构如未能认真履职，对驻在单位及其下属单位发生的严重违纪违法问题进行隐瞒、不调查；第三，对中央纪委、监察部安排部署的工作，派驻机构如果由于主观原因未能贯彻落实且造成损失的，须对主要责任人进行问责。

3. 干部配备与管理

中央纪委、监察部就派驻机构人员编制提出具体分配方案，在中央编办审核同意后进行上报予以批准。[①] 中央纪委、监察部可依据需要，调派派驻机构人员参加相关工作。派驻纪检组组长，由中央纪委与中央组织部共同商议后提出，在征求驻在部门党委或党组意见后，依据相应程序予以任免。派驻监察局局长，由中央纪委与监察部共同提出，在征求驻在部门党委或党组意见后，依据相应程序予以任免。[②] 派驻纪检组组长、监察局局长原则上不由驻在部门内部产生，不得兼任驻在单位的任何行政领导职务。担任职务满五年后一般要进行轮换与交流。[③]

① 参见尉健行：《加大治本力度狠抓工作落实取得反腐败斗争的新成效——在中共中央纪律检查委员会第五次全体会议上的工作报告》（2000 年 12 月 25 日），载《中国监察》2001 年第 2 期。

② 参见尉健行：《坚定信心加大力度深入推进党风廉政建设和反腐败斗争——在中共中央纪律检查委员会第四次全体会议上的工作报告》（2000 年 1 月 12 日），载《中国监察》2000 年第 2 期。

③ 参见尉健行：《加大治本力度狠抓工作落实取得反腐败斗争的新成效——在中共中央纪律检查委员会第五次全体会议上的工作报告》（2000 年 12 月 25 日），载《中国监察》2001 年第 2 期。

第三节　加强派驻检察室建设阶段

一、人民检察院乡镇检察室

为了进一步强化与完善人民检察院的基层法律监督工作，助力乡村经济建设服务，依据《中华人民共和国检察院组织法》，最高人民检察院于 1993 年 4 月 22 日正式设置人民检察院乡镇检察室，以完善中国特色社会主义检察制度建设。[①] 乡镇检察室，是依据乡（镇）人口、地域、经济状况并根据工作的实际需要，是为了加强人民检察院在基层的法律监督工作，更好地为农村经济建设服务，由省级人民检察院审批同意后予以设置，是县级、区级人民检察院派驻在乡（镇）的工作机构。乡（镇）检察室的撤销，由省一级人民检察院审批。

乡镇检察室由派出的县级、区级人民检察院领导，县级、区级人民检察院以具体必要的工作制度加强对乡（镇）检察室的领导。

乡镇检察室设主任一名，可以依据实际需要设置副主任一名，配备检察员、助理检察员、书记员若干人，其中正副主任须由检察员担任。

乡镇检察室的工作人员须坚持四项基本原则与社会主义法制原则，严格依法办事并认真履行职责，忠于法律与事实，严格遵守《检察人员纪律》，维护国家法律的正确实施，接受社会监督，全心全意为人民服务。

乡镇检察室的工作职责，具体如下：第一，在检察长批准后，对本乡镇内发生且属于检察机关可直接受理的刑事案件，履行立案前调查职能与立案后侦查职能；第二，接受并处理乡镇公民的控告、举报与申诉；第三，帮助教育人民检察院决定免于起诉人员；第四，接受违法犯罪分子的自首；第五，检察乡镇内剥夺政治权

① 参见《人民检察院乡（镇）检察室工作条例》（1993 年），已废止。

利、假释、管制、缓刑、监外执行人员的管理教育工作；第六，与业务工作结合积极参与社会治安的综合治理，并开展法制宣传教育工作；第七，完成检察长安排的其他工作。

1998 年 6 月，最高人民检察院启动检察机关教育整顿，主要针对组织整顿与干部人事管理，要求对乡镇检察室中的非检察机关编制人员进行清退，切实加强检察队伍建设。

二、其他派驻检察室

从 1982 年起，全国部分地区开始探索建立“基层检察室”试点模式。通过设置乡镇、税务检察室，加强了检察部门的法律监督功能以及与人民群众的沟通联系，从而为健全中国特色社会主义检察体制提供了一种新的思路，积极助力保障与推动我国的改革开放与经济建设。但在这过程中也出现了一些问题，主要表现为：第一，对检察室的管理相对薄弱；第二，检察室的设置范围过于宽泛；第三，检察机关工作人员的职业化程度较差，无法有效发挥其检察职能。为解决上述问题，1993 年 7 月 23 日，最高人民检察院全面整顿了各类检察室。①

第一，强化各级人民检察院对检察室的领导与管理，并由院领导专人负责，而且政工部门负责检察室的组织建设。在考核基础上充实并调整检察室的工作人员，检察院须选派政治素质与业务素质较强的干部充实检察室工作队伍，并及时调整不适合检察工作的人员，以加强检察机关基层建设。

第二，以乡镇检察室为重点。为了加强基层人民检察院建设，各级检察机关可将设置、发展乡镇检察室作为重点。基层检察院如果编制在五十人以上且具有设置条件，可以依据工作需要增加乡镇检察室。乡镇检察室，既有利于及时受理人民群众的举报、控告与申诉，进而缓解“告状难”现状；又能及时调查与处理农村的贪污、贿赂及其他犯罪案件，助力发展农村经济，从而全面促进基层政权建设。直到 1998 年 6 月 12 日，最高人民检察院要求不再新设

① 参见《最高人民检察院政治部关于整顿各类检察室的通知》（1993 年 7 月 23 日）。

派驻乡镇检察室，并对现存乡镇检察室中的非检察机关编制人员予以清退，以切实加强检察队伍建设质量。[①]

第三，完善税务检察室。作为人民检察院依法办理偷税、抗税与骗税案件的业务部门，税务检察室在强化税收工作的执法监督与保证国家的财政收入方面作用重大，因此必须加强对税务检察机构的建设，并补充检察人员。税务检察室的主任必须由检察院的检察员予以担任；如果税务检察室干部是由税务机关配备的，则必须经过检察业务培训后，依据其表现才能任命为助理检察员或书记员专职从事税务检察工作。

第四，原则上保留设在工矿区的检察室，其检察室人员由检察院派出。但不得与企业的纪检、监察、保卫等机构合并设置。

第五，除了乡镇检察室、税务检察室之外，撤销各类检察室，具体包括在其他国家行政机关、企业、事业单位设置的所有检察室，并且不再设立任何其他检察室。

① 参见《最高人民检察院关于搞好组织整顿加强干部人事管理若干问题的通知》（1998 年 6 月 12 日）。

第四章 纪检监察派驻制度的统一管理改革阶段

第一节 纪检监察派驻制度的统一管理改革试点阶段

一、统一管理改革试点过程

党的十五届六中全会于2001年9月26日通过了《关于加强和改进党的作风建设的决定》，在“坚持清正廉洁，反对以权谋私”部分要求党的纪律检查机关统一管理派出机构，从而改革与完善党的纪律检查体制，使纪检监察派驻进入统一管理改革阶段。[①]

2002年1月23日，基于纪检、监察派出机构在实践过程中产生的问题，十五届中共中央纪律检查委员会第七次全体会议决定，在中央国家机关进行派出机构的统一管理试点改革，由原本的中央纪委与驻在单位党组的双重领导转变为中央纪委直接领导，省级纪委也可依据具体实际开展试点工作，自此进入纪检监察派驻统一管理改革试点阶段。[②] 中央纪委、监察部于2002年10月28日召开派出机构统一管理试点工作会议，在传达中央纪委、中央编办、监察部相关试点工作文件精神的基础上，对试点工作进行了部署。[③]

中央纪委、中央编办、监察部于2003年8月1日联合发布《中共中央纪委、监察部对驻国家发展和改革委员会等5部门纪检

① 《中共中央关于加强和改进党的作风建设的决定》（2001年9月26日），载中共中央文献研究室编：《十五大以来重要文献选编（下）》，人民出版社2003年版，第2011—2012页。

② 尉健行：《以“三个代表”重要思想为指导贯彻党的十五届六中全会精神取得党风廉政建设和反腐败斗争的新成果——在中共中央纪律检查委员会第七次全体会议上的工作报告》（2002年1月23日），载《中国监察》2002年第3期。

③ 中央纪委国家监委研究室编：《中国共产党党风廉政建设百年纪事》，中国方正出版社2021年版，第307页。

监察机构实行统一管理的试点方案》的通知，规定了实行统一管理试点的纪检监察派驻机构的领导体制、组织设置、工作职责等方面。[①] 中央纪委、监察部在2002年对驻卫生医药部门和国家工商行政管理总局纪检监察机构实行统一管理试点的基础上，在2003年继续开展对国土资源部、驻国家发展和改革委员会、商务部、新闻出版总署、劳动和社会保障部的纪检监察机构试点统一管理机制。[②]

中央纪委办公厅、监察部办公厅于2003年8月4日发布《中共中央纪委监察部派出机构统一管理试点业务工作管理暂行办法》和《中共中央纪委、监察部派出机构统一管理试点干部管理暂行办法》，试图对派出机构试点改革的业务管理、干部管理方面进行先行先试。[③]

表5：纪检监察统一管理改革试点阶段重要规范列表

序号	时间	规范名称
1	2003年8月4日	《中共中央纪委、监察部派出机构统一管理试点业务工作管理暂行办法》
2	2003年8月4日	《中共中央纪委监察部派出机构统一管理试点干部管理暂行办法》
3	2003年12月31日	《中国共产党党内监督条例（试行）》

资料来源：作者自制。

二、具体要求

1. 领导体制

中央纪委与监察部的派出机构接受中央纪委与监察部的直接领导，是中央纪委与监察部的组成部分，其业务工作向中央纪委与监察部负责，采取的是垂直领导体制。中央纪委、监察部领导根据各自分工，具体负责管理派出机构的工作。派出机构在工作中如果遇

① 中央纪委国家监委研究室编：《中国共产党党风廉政建设百年纪事》，中国方正出版社2021年版，第312—313页。

② 中央纪委国家监委研究室编：《中国共产党党风廉政建设百年纪事》，中国方正出版社2021年版，第312—313页。

③ 参见《中共中央纪委监察部派出机构统一管理试点业务工作管理暂行办法》（2003年8月4日）；《中共中央纪委、监察部派出机构统一管理试点干部管理暂行办法》（2003年8月4日）。

到重要问题，可以直接向中央纪委与监察部领导进行汇报请示。

中央纪委、监察部与派出机构的联系机构是中央纪委、监察部的第一至第四纪检监察室，主要负责协助派出机关领导完成与派出机构日常联系工作；其他职能室依据工作分工，负责联系派出机构相关工作。联系机制主要包括：第一，派出机关、驻在单位相关部门及时将其相关文件送达纪检、监察派出机构；第二，纪检、监察派出机构依据规定按时向派出机关提交统计报表与工作信息等资料，并按时报送年度工作总结与年度工作计划；第三，纪检、监察派出机构按时参加派出机关、驻在单位的相关会议；第四，派出机关相关处室可在结合具体实际情况的前提下，依据《中共中央纪委监察部派出机构统一管理试点业务工作管理暂行办法》，与派出机构商议后，制定具体的工作联系办法。

2. 工作职责

纪检、监察派出机构的工作职责，主要包括：第一，监督检查。派出机构监督检查驻在单位领导班子及其成员，主要采取如下方式：首先，参加驻在单位相关会议；其次，参与驻在单位的大额资金使用、重大项目安排、重要干部任免、与重大决策等方面的重要工作；最后，其他有效方法。

第二，调查。调查权限的具体分工如下：首先，面对驻在单位领导班子、成员违反党纪与政纪情形，在派出机关领导同意的基础上，派出机构可采取初步核实措施。如果确需立案调查时，派出机关相关纪检监察室依法办理，派出机构可在派出机关授权下参与调查。其次，面对驻在单位的司局级及其以下干部违反党纪与政纪的重要案件，派出机构负责进行调查，并在调查结束后及时提出处理意见，依据相关规定执行处分程序与审批权限。但是派出机构必须在征求驻在单位党组的意见后才能决定立案，如果与驻在单位党组的意见相左，派出机构须报派出机关予以决定。最后，驻在单位机关纪委或其他相关机构负责对驻在单位的司局级及其以下干部违反党纪与政纪的一般案件进行调查处理。

第三，受理公民控告。中央纪委、监察部信访室收到的信访举报之处理，具体权限分工如下：首先，关于驻在单位司局级干部重要问题的信访举报，由派出机关转送至派出机构主要负责人进行阅批，并抄送相关内设机构负责人。其次，派出机关领导阅批涉及驻在单位领导班子及其成员的信访举报，抄送相关内设机构负责人，并适时向派出机构主要负责人进行通报。最后，派出机关将其他信访举报转送派出机构处理。派出机构收到关于派出机关职责范围内的信访举报时，可直接向派出机关领导进行汇报。

第四，配合反腐。首先，在驻在单位党组、行政领导班子安排反腐倡廉相关工作时，派出机构积极进行配合，并完善相关组织协调机制。其次，对驻在单位及其下属单位开展反腐败工作，以及源头预防治理腐败等情况进行督促检查、调查研究，并及时提出改进意见或建议。再次，对驻在单位及系统内的党风廉政建设、反腐败工作经验及时进行总结。最后，及时与驻在单位沟通交流相关工作情况。

3. 干部任免与管理

第一，任免。首先，中央纪委、监察部提名派出监察局的正副局长，并进行考察。经监察部部长办公会议研究同意后提交中央纪委书记办公会研究决定，由监察部任免，报中央组织部备案。其次，中央纪委与中央组织部商议后，提名派出纪检组的组长，并进行考察。经中央纪委常委会会议研究同意后，提交中央任免。中央纪委提名派出纪检组的副组长，并进行考察。经中央纪委书记办公会研究决定后由中央纪委任免，报中央组织部备案。再次，派出机构在与中央纪委干部室商议后，提出局级纪律检查员与监察专员，副局级室主任的人选建议，由中央纪委干部室进行考察。经中央纪委书记办公会研究决定后，最终由中央纪委、监察部任免。最后，在规定的职数范围内，派出机构领导班子提名处级及其以下干部职务，并组织考察。经中央纪委干部室审核后依据相应程序办理。中央纪委、监察部必须将干部任免通知及时抄送驻在单位。

第二，调配交流。首先，中央纪委干部室在征求派出机构意见后，提出局级干部的调配与岗位交流建议，报中央纪委监察部负责人批准后，按规定程序办理。其次，派出机构提出处级及以下人员岗位的调配与交流的建议，在中央纪委干部室审核，报中央纪委、监察部负责人批准后，按规定程序办理。最后，派出机构人员，可以与驻在单位、中央纪委、监察部机关与其他派出机构人员进行交流。同时，派出机构的干部可以参加驻在单位与中央纪委、监察部机关组织的竞争上岗。另外，派出机构提出主任科员以下干部的招考录用的建议，具体由中央纪委干部室统一进行组织实施。

第三，教育培训。中央纪委、监察部与驻在单位共同负责派出机构干部的教育培训。首先，中央纪委、监察部机关负责统一安排派出机构干部参加其组织的各类业务培训，以及中央党校、国家行政学院的进修培训。其次，驻在单位负责安排派出机构干部参加其组织的业务培训、出国学习考察活动、党员教育活动等。

第四，考核奖惩。首先，考核。中央组织部统一安排派出机构中管干部的年度考核。中央纪委、监察部机关统一安排派出机构其他干部的年度考核及奖励，中央纪委干部室向驻在单位通报派出机构干部的年度考核结果。其次，奖励。中央纪委、监察部对有显著成绩、突出贡献的派出机构及其工作人员给予表彰和奖励。驻在部门负责相关党组织、党员的表彰与奖励。最后，惩罚。中央纪委、监察部会同驻在单位，对存在违反党纪、政纪的派出机构及其工作人员进行调查处理。

第五，工作保障。驻在部门继续负责派出机构干部工资、福利调整事项、退休保障、后勤保障等事宜，派出机构干部享受驻在单位同级干部的相关待遇。派出机构干部的工资关系与组织关系继续暂存驻在单位。中央纪委、监察部机关统一制发派出机构干部的工作证件，但如果工作需要派出机构干部可拥有驻在单位的证件。中央纪委、监察部负责派出机构干部档案的保存，驻在部门须及时将需要归档的相关材料及时移交中央纪委、监察部。

这是第一次在纪检、监察干部管理领域明确了调配交流、教育培训、考核奖惩的具体规则和要求。干部配备与管理规范主要体现了垂直管理体制在干部配备、管理领域的要求，以考察任免为例，以纪检、监察派出机关的意见为准，不再征求驻在部门的意见。但是，在考核奖惩、教育培训、工作保障方面仍然体现出驻在部门的影响，干扰派出机构行使职权的独立性。非垂直性的具体表现如下：第一，有关党组织和党员的表彰和奖励由驻在部门负责；第二，驻在单位与中央纪委、监察部共同负责派出机构的干部教育培训；第三，驻在部门继续负责派出机构干部的组织关系、工资关系、福利待遇与后勤保障等。

第二节　纪检监察派驻制度的统一管理改革实施阶段

一、统一管理改革实施进程

党的十五届六中全会决定：党的纪律检查机关对派出机构进行统一管理。[①] 党的十六大报告提出，加强对权力的制约和监督以改革与完善党的纪律检查体制。[②] 根据党中央要求，中央纪委、监察部自 2002 年以来先后在国家发展和改革委员会、卫生部等 8 个部门进行了派驻机构统一管理试点工作，从而形成了对统一管理派驻机构的指导思想与基本思路。随后，中央纪委第三次全体会议决定，中央纪委、监察部在总结试点经验的基础上，全面开启统一管理派驻机构的新改革。

《中国共产党党内监督条例（试行）》于 2003 年 12 月 31 日颁布实施。其中第八条第三款规定，中央纪委统一管理派驻纪检组，纪检组依据相关规定监督驻在单位的党组织、党员领导干部，这全面启动了全国的纪检监察派驻机构统一管理改革，正式进入纪检监

① 参见《中共中央关于加强和改进党的作风建设的决定》（2001 年 9 月 26 日），载中共中央文献研究室编：《十五大以来重要文献选编（下）》，人民出版社 2003 年版，第 2011—2012 页。

② 参见江泽民：《全面建设小康社会，开创中国特色社会主义事业新局面》（2002 年 11 月 8 日），载中共中央文献研究室编：《十六大以来重要文献选编（上）》，中央文献出版社 2005 年版，第 28 页。

察派驻统一管理改革的实施阶段。[①]

中央纪委、监察部于2004年4月1日发布《中共中央纪委监察部派驻机构干部工作管理暂行办法》和《中共中央纪委监察部派驻机构业务工作管理暂行办法》。在全面总结试点经验的基础上，全面规范派驻机构的业务管理、干部管理工作。[②]

中央纪委、中央组织部、中央编办、监察部于2004年4月5日发布《关于对中央纪委监察部派驻机构实行统一管理的实施意见》。其中规定了全面实施纪检监察派驻机构的统一管理改革的指导思路、工作职责、干部管理与后勤保障等。在积极稳妥推行统一管理派驻机构改革的基础上，强化监督驻在单位党组、行政领导班子及其成员，进而深入推进中央与国家机关的党风廉政建设与反腐败工作。[③]

2004年4月7日，中央纪委、监察部召开派驻机构统一管理工作会议。时任中共中央政治局常委、中央纪委书记的吴官正强调，统一管理派驻机构改革是党中央关于改革和完善纪律检查体制中加强党内监督的重大决策。一方面，派驻机构须加强对驻在单位领导干部的监督，防止行为失范、决策失误与权力失控。另一方面，驻在单位的领导干部须自觉树立接受各种监督的意识。[④]

2004年10月1日，《中华人民共和国行政监察法实施条例》以“第二章　派出的监察机构和监察人员”专章规定了派出机构的领导体制、职责、权限以及程序。[⑤] 中央纪委、监察部于2005年3月24日发布《关于加强和改进行政监察工作的意见》，再次强调“加强对派出机构的统一管理工作”。[⑥]

---

① 《中国共产党党内监督条例（试行）》（2003年），已废止。

② 参见《中共中央纪委监察部派驻机构干部工作管理暂行办法》（2004年4月1日）；《中共中央纪委监察部派驻机构业务工作管理暂行办法》（2004年4月1日）。

③ 参见《中央纪委、中央组织部、中央编办、监察部关于对中央纪委监察部派驻机构实行统一管理的实施意见》（2004年4月5日），中办发〔2004〕12号。

④ 中央纪委国家监委研究室编：《中国共产党党风廉政建设百年纪事》，中国方正出版社2021年版，第318页。

⑤ 参见《中华人民共和国行政监察法实施条例》（2004年），已废止。

⑥ 参见《中央纪委、监察部关于加强和改进行政监察工作的意见》（2005年3月24日）。

表 6：纪检监察统一管理改革实施阶段重要规范列表

序号	时间	规范名称
1	2003 年 12 月 31 日	《中国共产党党内监督条例（试行）》
2	2004 年 4 月 5 日	《中央纪委、中央组织部、中央编办、监察部关于对中央纪委监察部派驻机构实行统一管理的实施意见》
3	2004 年 3 月 26 日	《中央纪委、监察部派驻机构专项办案经费管理暂行办法》
4	2004 年 4 月 1 日	《中央纪委、监察部派驻机构干部管理工作暂行办法》
5	2004 年 4 月 1 日	《中央纪委、监察部派驻机构业务工作管理暂行办法》
6	2004 年 7 月 19 日	《驻国家体育总局纪检组监察局落实派驻机构统一管理工作实施方案》
7	2005 年 3 月	《中央纪委、监察部对统一管理的派驻机构加强管理和服务的意见》

资料来源：作者自制。

二、一般规定

1. 总体要求

中央纪委、监察部统一管理纪检、监察派驻机构，是加强党内监督与行政监督的重要措施，可全面依据党章与法律、法规充分履行纪检、监察职能。这有利于强化监督驻在单位领导班子及其成员，深入推进党风廉政建设、反腐败建设。

纪检、监察派出机关统一管理派驻机构的基本要求是：第一，对领导体制进行改革。将派驻机构原本接受中央纪委、监察部与驻在单位的双重领导，改为接受中央纪委、监察部的直接领导。第二，充分发挥监督职能。以驻在单位党组、行政领导班子及其成员为重点强化监督。第三，提升工作效果。切实加强驻在单位及其下属单位的党风廉政建设、反腐败工作。第四，中央纪委、监察部先以统一管理派驻机构的业务工作与干部工作为突破口。

纪检、监察派出机关统一管理派驻机构改革，促使各部门之间形成了有效的分工模式：第一，中央纪委、监察部全面加强派驻机构统一管理改革的领导。设立派驻机构统一管理工作领导小组，在中央纪委常委会、监察部部长办公会领导下负责统一管理工作。中央纪委、监察部相关职能部门在适应统一管理新体制要求的前提下，健全与派驻机构的工作联系机制，积极配合完成改革。第二，派驻机构及时改进工作方式方法。依据党章、法律认真履职，在重点监督驻在单位领导干部的同时，积极协助驻在单位开展党风廉政建设。第三，派驻机构及其工作人员须自觉树立接受各种监督的意识。既要接受派出机关的监督，也要接受驻在部门所有人员的监督。第四，驻在单位的党组、行政领导班子及其成员须支持派驻机构依法履职，并自觉接受监督，积极协助改革。第五，派驻纪检组组长仍须担任驻在单位的党组成员，并参加其相关行政领导会议，但不再负责驻在单位的具体业务。派驻监察局局长可列席驻在单位相关行政领导会议。

依据《中国共产党党章》《中华人民共和国行政监察法》相关规定，中央纪委、监察部向五十六个中央与国家机关部门派驻了纪检、监察派驻机构。其中，在二十个部门派驻了纪检机构或监察机构，实现了纪检、监察单派驻。在三十六个部门既派驻了纪检机构又派驻了监察机构，实现了纪检、监察双派驻。中央纪委、监察部在 2004 年对所有双派驻机构完成了统一管理改革，在 2005 年完成了对单派驻机构的统一管理改革。而各省级纪检监察机关也在 2005 年开展了统一管理派驻机构的改革。①

在统一管理改革实施阶段，将“纪检、监察派出机构”正式改为“纪检、监察派驻机构”。在要求派驻机构认真、全面履行监督职责的同时，也开始强调接受监督的重要性，即派驻机构及其工作人员不仅必须接受派出机关的专业监督，也要接受驻在单位的所有人员的普遍监督。

① 参见《关于中共中央纪委监察部单派驻纪检、监察机构实行统一管理的实施意见》（2005 年 8 月 24 日），中纪发〔2005〕11 号。

2. 领导体制

中央纪委、监察部统一管理派驻机构的业务工作，派驻机构接受中央纪委、监察部的直接领导，采取垂直领导体制。中央纪委、监察部领导依据分工分管各派驻机构的工作。派驻机构认为必要时，可直接向中央纪委、监察部领导汇报请示。

中央纪委、监察部与派驻机构的联系机构是中央纪委第一至第四纪检监察室，主要负责协助领导完成与派驻机构日常联系；其他职能处室依据工作具体分工，负责联系的其他工作。联系机制主要体现在以下方面：第一，中央纪委、监察部相关部门及时将其相关文件送达纪检、监察派驻机构；第二，纪检、监察派驻机构依据规定按时向派出机关提交统计报表与工作信息等资料，并按时报送年度工作总结与年度工作计划；第三，派驻机构按时参加派出机关相关会议；第四，派出机关相关处室可依据部门规章并结合具体实际，与派驻机构商议后，制定具体的工作联系办法。

3. 工作职责

在统一管理改革正式运行阶段，派驻机构的权限与试点阶段相比几乎没有变化，仅是在调查权限中删去了驻在单位的相关权限。

具体职责包括：第一，监督检查。首先，对驻在单位及下属单位贯彻执行党的路线方针政策决议情况进行监督；对遵守国家法律法规情况进行监督；执行国务院决定、命令情况进行监督检查。其次，对驻在单位党组与行政领导班子及其成员维护党的政治纪律、贯彻落实党风廉政建设责任制、廉政勤政、选拔任用领导干部与贯彻执行民主集中制情况进行监督检查。最后，派驻机构主要通过下列方式监督检查驻在单位领导班子及其成员：参加驻在单位相关会议与活动，参与重要工作与其他有效方法。

第二，调查。调查权限的具体分工如下：首先，面对驻在单位领导班子、成员违反党纪与政纪情形，在派出机关领导同意的基础上，派驻机构可采取初步核实措施。如果确需立案调查时，派出机关相关纪检监察室依法办理，派驻机构可在派出机关授权下参与调查。其次，面对驻在单位的司局级干部违反党纪与政纪的重要案件，派驻机构负责进行调查，并在调查结束后及时提出处理意见，依据相关规定执行处分程序与审批权限。但派驻机构须取得驻在单位党组同意后方可决定立案，如果与驻在单位党组的意见相左，派驻机构须报派出机关予以决定。

第三，受理公民控告。中央纪委、监察部信访室收到的信访举报之处理，具体权限分工如下：首先，关于驻在单位司局级干部重要问题的信访举报，由派出机关转送至派出机构主要负责人进行阅批，并抄送相关内设机构负责人。其次，派出机关领导阅批涉及驻在单位领导班子及其成员的信访举报，抄送相关内设机构负责人，并适时向派驻机构主要负责人进行通报。最后，派出机关将其他信访举报转送派出机构处理。派驻机构收到关于派出机关职责范围内的信访举报时，可直接向派出机关领导进行汇报。派驻机构接受并处理驻在单位的党员与行政监察对象不服纪律处分、政务处分的申诉。

第四，配合反腐。驻在单位对本单位及下属系统的反腐败工作与党风廉政建设承担全面领导责任，纪检、监察派驻机构仅依据规定予以协助与配合。首先，在驻在单位党组、行政领导班子安排反腐倡廉相关工作时，派驻机构积极进行配合，并完善相关组织协调机制。其次，对驻在单位及其下属单位开展反腐倡廉各项工作进行督促检查；再次，对驻在单位及其下属单位开展反腐倡廉各项工作进行调查研究，并及时提出改进建议。复次，对驻在单位及系统内的党风廉政建设、反腐败工作经验及时进行总结。最后，及时与驻在单位沟通交流相关工作，并及时向派出机关汇报。

第五，完成中央纪委监察部交办的其他事项。

4. 干部管理

第一，任免。首先，中央纪委在与中央组织部商议后提名派驻纪检组的组长，并进行考察，原则上不能从驻在单位人员中选择，新提名的组长原则上从相关单位后备干部中选择。经中央纪委常委会会议研究同意后提交中央任免。其次，中央纪委、监察部提名纪检组副组长、监察局局长、监察专员办公室专员，并进行考察。经中央纪委书记办公会议研究同意后由中央纪委、监察部任免，提交中央组织部备案。再次，中央纪委监察部提名监察局副局长、监察专员办公室副专员，并进行考察。经监察部部长办公会议讨论决定后由监察部任免，报请中央组织部备案。复次，中央纪委干部室在与派驻机构商议后，提名局级纪律检查员、监察专员、副局级室主任，并进行考察。经派驻机构组局办公会议讨论通过后报请中央纪委、监察部领导审批，由中央纪委任免。最后，在规定的职数内，派驻机构领导班子提名处级及其以下干部职务，在与中央纪委干部室沟通后进行考察。经派驻机构组局办公会议研究同意后报请中央纪委干部室审核，并办理相应手续。派驻机构存在用人需求时，由领导班子向中央纪委干部室提出，统一组织实施招考录用。

派驻机构干部依据相关规定，可参加中央纪委、监察部、驻在单位组织的竞争上岗与后备干部推荐。如果派驻监察局副局长、或监察专员办公室副专员职位空缺时，在中央纪委干部室统一组织实施下，该派驻机构、驻在单位、中央纪委、监察部机关、其他派驻机构均可以竞争上岗。

第二，调配交流。派驻机构干部原则上不得在驻在单位工作时间过久，须在相关部门的计划下在中央纪委、监察部、驻在单位及其下属单位、国有企业事业单位、其他派驻机构等范围内进行交流。首先，中央纪委、监察部统筹安排纪检组组长、监察局局长、监察专员办公室专员的交流。中央纪委干部室在征求派驻机构意见后，提出局级干部的岗位交流的建议，并报请中央纪委、监察部分管领导同意后依据规定程序办理。其次，派驻机构提出处级及其以下干部的岗位交流的建议，中央纪委干部室审核并报请中央纪委、监察部分管领导同意。最后，派驻机构干部的挂职锻炼由中央纪委监察部统一安排，驻在单位也可在中央纪委、监察部同意后予以安排。

第三，教育培训。中央纪委、监察部与驻在单位共同负责派驻机构干部的教育培训，驻在单位负责培训经费。首先，中央纪委、监察部机关统一安排派驻机构干部参加各类纪检、监察的业务培训。其次，中央纪委、监察部与驻在单位商议后，安排纪检组组长、监察局局长、监察专员办公室专员参加中央党校、国家行政学院进修培训。最后，驻在单位负责安排派驻机构干部参加其组织的党员教育、业务培训、出国培训考察活动等。

第四，考核奖惩。首先，考核。中央组织部统一安排派驻机构中管干部的年度考核，具体由中央纪委组织实施。纪检组组长、监察局局长、监察专员办公室专员依据规定须向中央纪委、监察部进行述职述廉。中央纪委、监察部机关统一部署安排派驻机构其他干部的年度考核及奖励，中央纪委干部室向派驻机构、驻在单位通报年度考核结果。其次，奖励。中央纪委、监察部对有显著成绩、突出贡献的派驻机构及其工作人员给予奖励与表彰。驻在部门负责其他方面的表彰与奖励。最后，惩罚。中央纪委、监察部与驻在单位，共同对存在违反党纪政纪的派驻机构及其工作人员进行调查处理。

第五，工作保障。驻在部门继续负责派驻机构干部的工资、福利调整事项、退休保障、后勤保障等事宜，派驻机构干部享受驻在单位同级干部的相关待遇。派驻机构干部的工资关系与组织关系继续暂存驻在单位。派驻机构干部同时持有中央纪委监察部机关的与驻在部门的工作证件。中央纪委、监察部负责派驻机构干部档案的保存，驻在部门保留干部档案副本。

在统一管理改革的正式运行阶段，纪检、监察派驻机构的干部管理与试点阶段相比变化不大，在干部任免部分明确了派驻机构干部参加中央纪委、监察部、驻在单位的后备干部推荐、竞争上岗的具体流程与具体要求；在教育培训中明确了培训经费由驻在部门负责；在考核奖励中，进一步明确了派出机关与驻在单位对于纪检、监察干部进行奖励的分工。

5. 办案经费

为了配合与保障中央纪委、监察部派驻机构的统一管理改革，中央纪委、监察部与财政部依据统一管理改革相关规定、相关财务制度对“纪检、监察派驻机构专项办案经费”进行专门规范。[①]

纪检、监察派驻机构专项办案经费，即在中央纪委、监察部领导同意后，专门用于派驻机构对初核阶段的省部级案件、其他重要案件进行调查与处理的费用。纪检、监察派驻机构由专人与中央纪委财务部门对接办理财务报销等事宜。派驻机构的专项经费报销，必须由派驻机构主要负责人签字，并经过中央纪委、监察部事务管理局审核之后，才能由财务部门按规定进行核销。每年专项经费的支出情况必须在中央纪委的决算中如实反映并详细说明。

专项办案经费须遵循下列原则：第一，依法使用。派驻机构必须遵守国家法律法规以及财务规章制度使用专项经费，并且经费的开支必须接受国家与中央的审计、财政部门的监督与检查。第二，统一管理。中央纪委财务部门统一管理专项经费进行，经费核销须依据派驻机构具体工作与实际情况。第三，严格使用。派驻机构必须严格依据法定的开支范围使用专项经费，任何人不得侵占与挪用。

纪检、监察派驻机构的专项办案经费的主要支出：办案人员在办案过程中产生的调查取证费、办案设备租用费、会议费、差旅费、交通费、通讯费、房租费、伙食费、夜餐费、工作误餐费、补助费等。（一）差旅费：办案人员到其他城市进行调查、取证产生的费用。（二）交通费：办案人员在办案期间因实际需要产生的包租车费、过路费、停车费等，须在中央纪委、监察部领导同意的前提下凭单据予以报销。（三）通讯费：办案人员在调查案件过程中产生的电话费、传真费等，须凭单据予以报销。（四）办案设备租用费：办案设备一般由驻在单位予以解决，但其无法解决又亟需时可以临时租用，主要包括电脑、复印机、打印机、传真机等，须凭单据予以报销。（五）房租费：办案用房一般由驻在单位解决，但当其无法解决时可在外租房，房租标准为 120－180 元/套/天。（六）调查取证费：办案人员进行调查取证产生的费用，包括办案

① 参见《财政部、中央纪律检查委员会、监察部关于中央纪委监察部派驻机构专项办案经费管理暂行办法》（2004 年 3 月 26 日），财行〔2004〕26 号，已废止。

审计费、鉴定费、资料费等，须凭单据予以报销。（七）会议费：派驻机构为了组织布置工作与调查分析案情而召开会议，由此产生的费用，包括会议资料费、客房租费、交通费、伙食费、会议室等费用，具体执行国家相关标准。（八）伙食费：办案人员、警卫人员在必须24小时驻守执行工作任务时，与审查对象的伙食费，标准为50元/人/天，法定节假日为60元/人/天。（九）夜餐费：办案人员因工作需要须加班至二十三点后的夜餐补贴，标准为4元/人/餐。（十）工作误餐费：办案人员进行调查取证时的用餐补贴，标准为10元/人/餐。（十一）补助费：办案人员在调查与处理案件期间的补助，本市标准为15元/人/天，外市标准为18元/人/天。派驻机构的日常经费及工作人员生活福利待遇，不得由专项经费支出。

三、驻国家体育总局纪检组监察局统一管理改革制度

为了实现中央纪委、监察部统一管理派驻机构，同时加强党内监督，驻国家体育总局纪检组监察局对其工作职责、联系机制、干部管理与后勤保障等方面进行了全面规范。[①]

1. 工作职责及履职方式

驻国家体育总局纪检组、监察局的职责主要包括监督检查职责、受理群众举报职责、查办案件职责、组织协调职责。第一，监督检查职责。纪检组、监察局对就国家体育总局对党的路线、方针、政策与决议的贯彻落实情况，对国家法律法规遵守情况进行监督检查；对国务院相关命令的执行情况进行监督检查；对国家体育总局党组、行政领导班子及其成员对党的政治纪律的维护情况、对党风廉政建设责任制贯彻落实情况、廉政勤政的贯彻落实情况、选拔任用领导干部、贯彻执行民主集中制等进行监督检查。

纪检组、监察局履行监督检查职责的方式具体如下：首先，纪检组、监察局结合国家体育总局的年终工作总结、领导干部的年终

---

① 参见《国家体育总局关于驻国家体育总局纪检组监察局落实派驻机构统一管理工作实施方案》（2004年7月19日），体党字〔2004〕25号。

述职与考核进行监督检查，就其中的相关情况及时向国家体育总局的党组、行政领导班子通报，并提出解决问题的建议。其次，纪检组、监察局及时督促国家体育总局的党组、行政领导班子及其成员依法行政、加强廉政勤政建设，并在国家体育总局推广党风廉政建设先进典型与经验时，及时进行协助配合。再次，纪检组、监察局可以结合国家体育总局的中心与业务工作，参加总局的重要业务活动、重要会议、重大执法检查和专项稽查工作，对工作情况进行调查研究，同时对其行政执法、行政效能进行监察。纪检组组长参加国家体育总局的党组会、局长办公会、局务会等重要会议，参与重要干部任免、重大事项决策、重大项目安排等方面的重要工作，仍须继续担任国家体育总局的党组成员。监察局局长参加国家体育总局的局务会议，并列席相关行政领导会议，及时掌握驻在单位相关情况。监察局局长、纪检组组长参加或列席总局党组的民主生活会。纪检组、监察局及时接受并征询国家体育总局及其下属单位的党员、群众等对其党组、行政领导班子及其成员的反馈意见，就相关情况及时向国家体育总局的党组、行政领导班子进行反馈，同时提出改进、纠正建议。最后，在中央纪委、监察部检查国家体育总局的党风廉政建设、反腐败工作时，纪检组、监察局积极予以配合。

第二，调查职责。具体权限分工如下：首先，面对国家体育总局的领导班子及其成员存在违反党纪、政纪的情况，在获得中央纪委、监察部领导同意的基础上，纪检组、监察局可进行初步核对。如果确实需要立案调查的，中央纪委、监察部相关纪检监察室依法定程序予以办理，派驻机构可以依据派出机关的授权参与调查。其次，纪检组、监察局负责对国家体育总局司局级干部违反党纪、政纪的重要案件进行调查，并在结束调查后及时提出关于政纪处分、党纪处分与组织处理的相关意见，依据干部管理权限、处分批准权限履行相应处分程序。但是纪检组、监察局必须在征求国家体育总局党组主要领导的意见后才能决定立案，如果与党组意见相左，纪检组、监察局可以报中央纪委、监察部予以决定。最后，国家体育总局及其下属单位的纪委具体负责对其处级及其以下干部违反党纪、政纪情况进行调查与处理，纪检组、监察局予以协调与指导。如果涉及重要案件，可以由纪检组、监察局直接调查与处理。如果中央纪委、监察部领导批准纪检组、监察局调查的案件，其案件支出可以从中央纪委、监察部的专项办案经费中进行开支。

第三，受理群众举报职责。接受并处理对国家体育总局的党组织、党员以及行政监察对象的检举与控告，接受并处理国家体育总局党员、行政监察对象不服党纪处分、政纪处分的申诉。纪检组、监察局如果收到信访举报涉及总局党组、行政领导班子及其成员违反党纪政纪的，或发现其存在违反党纪、政纪的相关情况，可以直接报告中央纪委、监察部领导。

第四，组织协调职责。在国家体育总局党组、行政领导班子组织本单位及其下属单位的反腐败工作、党风廉政建设时，纪检组、监察局积极进行配合，并对其工作情况进行督促、检查与指导。首先，在国家体育总局党组、行政领导班子部署反腐倡廉相关工作并分解任务时，纪检组、监察局积极进行配合，并完善相关组织协调机制。其次，督促国家体育总局开展廉政教育。复次，对国家体育总局及其下属单位的党风廉政建设、反腐败工作经验及时进行总结。最后，对国家体育总局及其下属单位开展反腐倡廉各项工作进行调查研究，查找容易出现问题的原因，并及时从制度建设角度提出改进建议。

2. 联系机制

第一，上传。纪检组、监察局依据规定按时向中央纪委、监察部报送年度工作计划与总结，并及时提交工作信息与统计报表等资料。纪检组、监察局在对国家体育总局相关工作进行监督检查时，必须及时将发现的问题报告中央纪委、监察部第三纪检监察室或其他相关处室；如果遇到重要的情况或问题，则直接请示、汇报中央纪委、监察部的领导。

第二，下达。纪检组、监察局及时向国家体育总局传达中央纪委、监察部的工作部署与要求。

第三，反腐倡廉的分工机制。国家体育总局的党组、行政领导班子对本单位及系统的反腐败工作与党风廉政建设承担全面领导责任，国家体育总局党组书记、局长对其党风廉政建设负总责，局长为第一责任人，行政领导班子其他成员对分管处室的党风廉政建设承担直接领导责任。而纪检组、监察局只是依据相应规定予以协助与配合。设立国家体育总局党风廉政建设领导小组，党组书记、派驻纪检组组长分别担任组长、副组长，相关职能处室、派驻监察局领导作为成员，具体负责国家体育总局及其下属单位的党风廉政与反腐败建设。

第四，沟通反馈。纪检组、监察局与国家体育总局相关处室建立工作联系机制，及时沟通纪检、监察中存在的情况。纪检组、监察局及时向国家体育总局通报其监督检查中发现的问题，并提出改进建议。纪检组、监察局如果发现涉及国家体育总局及其下属单位在党风廉政建设、反腐败工作中的重要案情，须提交国家体育总局党组研究予以决定。

第五，指导内部的纪检、监察工作。纪检组、监察局对国家体育总局及其下属单位的纪检、监察工作进行检查与指导，也可以通过召开专题会议或座谈会形式及时进行沟通交流。

3. 干部管理

第一，任免。中央纪委、监察部直接负责纪检组、监察局干部的考察任免、录用调配。纪检组、监察局干部依据相关规定，既可以参加中央纪委、监察部、国家体育总局组织的竞争上岗，也可以参加中央纪委、监察部与国家体育总局的后备干部推荐。如果派驻监察局副局长职位空缺时，该纪检组、监察局、国家体育总局、中央纪委、监察部机关、其他派驻机构均可以竞争上岗。

第二，交流。中央纪委、监察部与国家体育总局商议后，组织实施纪检组、监察局干部的交流，其既可以中央纪委、监察部进行交流，也可以在国家体育总局与其他派驻机构等进行交流。

第三，教育培训。中央纪委、监察部、国家体育总局共同负责纪检组、监察局干部的教育培训。国家体育总局仍负责安排派驻机构干部参加相关培训、出国考察。

第四，考核奖惩。首先，考核。中央组织部安排纪检组、监察局中管干部的年度考核，具体由中央纪委组织实施。纪检组组长、监察局局长依规定须向中央纪委、监察部述职述廉。中央纪委、监察部机关统一部署安排派驻机构其他干部的年度考核及奖励，中央纪委干部室向纪检组、监察局、国家体育总局通报派驻机构干部的年度考核结果。其次，奖励。中央纪委、监察部对有显著成绩、突出贡献的纪检组、监察局及其工作人员给予表彰和奖励。国家体育总局负责其他方面的表彰与奖励。最后，惩罚。中央纪委、监察部会同国家体育总局，对存在违反党纪、政纪的纪检组、监察局及其工作人员进行调查处理。

第五，接受监督。纪检组、监察局必须切实不断提高干部队伍政治素质与业务水平。纪检组、监察局及其工作人员既要接受中央纪委、监察部的专业监督，又要接受国家体育总局组织、党员、群众的普遍监督。

第六，工作保障。国家体育总局继续负责纪检组、监察局干部的工资、津贴、补助，福利调整事项、退休保障、后勤保障等事宜，纪检组、监察局干部享受驻在单位同级干部的相关待遇。纪检组、监察局干部的工资关系与组织关系继续暂存驻在单位。纪检组、监察局干部同时持有中央纪委监察部机关的与驻在部门的工作证件。中央纪委、监察部保存纪检组、监察局干部的档案，国家体育总局设立纪检组、监察局干部档案副本。

四、行政监察派驻制度的具体实施

2004 年 10 月 1 日，《中华人民共和国行政监察法实施条例》开始实施。其中第二章就派出的监察机构和监察人员，专章规定了行政监察派出机构的领导体制、职责、权限以及程序，细化了行政监察派出机构制度的具体实施。[①]

① 参见《中华人民共和国行政监察法实施条例》（2004 年），已废止。

1．领导体制

行政监察派出机构采取垂直领导体制。行政监察派出机构及其监察人员对派出其的监察机关负责，并向其报告工作，同时接受派出监察机关的统一管理。如果国家行政机关内部采取垂直领导体制，行政监察派出机构可以依据实际情况，经过其派出监察机关的同意，再向驻在单位的下属机构继续派出监察机构，或者监察人员。

2．工作职责

行政监察派出机构，或者监察专员在派出监察机关的授权下行使相关监察权限，具体如下：第一，就监察对象对法律、法规、政府决定与命令的贯彻执行情况进行检查；第二，对监察部门及其人员违反行政纪律的行为进行调查与处理；第三，接受并处理监察部门及其人员违反行政纪律的控告与检举；第四，接受并处理行政人员不服行政处分决定、行政处分复核决定、监察决定的申诉；第五，敦促监察部门制定与廉政勤政相关的规章制度；第六，完成其派出监察机关安排的其他工作。

地方各级行政监察派出机构、或监察专员，以及派驻在采取垂直领导体制的国家行政机关的监察机构继续派出的行政监察机构，在遇到下列两种情况时，必须经过其的派出监察机关的批准同意：第一，行政监察派出机构在对违反行政纪律的行为进行调查时：（1）对可以证明违反行政纪律行为的相关材料进行暂扣与封存；（2）对于涉嫌违反行政纪律的行政人员，要求其在指定的时间与地点解释与说明相关问题，但不得进行拘禁、或变相拘禁；（3）要求相关单位、相关人员在调查期间不得对相关财务进行转移与变卖；（4）针对涉嫌严重违反行政纪律的行政人员，可以向相关机关提出暂停职务的建议。第二，行政监察派出机构在调查贿赂、挪用公款、贪污等违反行政纪律的行为时，如果确实存在查询相关单位、相关人员在金融机构的存款的必要，必须经过县级以上行政监察机关领导的批准同意方可查询。

3．履职程序

行政监察派出机构、或监察专员履行职责的程序，与派出监察机关相同。其检查程序如下：立项—制定检查方案—组织实施检查方案—提出检查情况报告（向本级政府、派出监察机关）—做出监察决定或提出监察建议。

行政监察派出机构的调查处理程序如下：初步审查—立案（存在违反行政纪律事实且需要追究行政纪律责任）—调查并收集证据（必须听取监察对象的陈述、申辩）—做出行政处分（必须有证据证明）—做出监察决定或提出监察建议。

第三节　纪检监察派驻制度的统一管理改革修正阶段

一、统一管理改革的修正过程

在纪检监察派驻机构实施统一管理改革后，2006 年 4 月 6 日，为了强化对驻在单位领导及其领导班子的经常性监督，派驻机构把加强监督作为第一位的职责，[①] 制定了《关于中共中央纪委派驻纪检组履行监督职责的意见》，纪检监察派驻统一管理改革进入修正阶段。

2007 年 7 月 23 日，在《中共中央纪委监察部对统一管理的派驻机构加强管理和服务的意见》要求“加强与派驻机构的工作联系”的前提下，制定《中央纪委监察部派驻机构工作汇报暂行办法》《中央纪委监察部向派驻机构通报情况暂行办法》。[②]

2010 年 6 月 25 日，《中华人民共和国行政监察法》进行修正，

① 中央纪委国家监委研究室编：《中国共产党党风廉政建设百年纪事》，中国方正出版社 2021 年版，第 318 页；《建立健全教育、制度、监督并重的惩治和预防腐败体系实施纲要》（2005 年 1 月 3 日）；胡锦涛：《在中央纪律检查委员会第五次全体会议上的讲话》（2005 年 1 月 11 日），载中共中央文献研究室编：《十六大以来重要文献选编（中）》，中央文献出版社 2006 年版，第 602—603 页；吴官正：《全面履行党章赋予的职责，进一步加大防治力度，不断开创党风廉政建设和反腐败工作新局面——在十六届中央纪委六次全会上的讲话》（2006 年 1 月 5 日），载《中国监察》2006 年第 3 期。

② 参见《中央纪委监察部派驻机构工作汇报暂行办法》（2007 年 7 月 23 日）；《中央纪委监察部向派驻机构通报情况暂行办法》（2007 年 7 月 23 日）。

在第8条第2款中增加了“统一管理”“人员交流”规定。[①]

《中国共产党党内监督条例（试行）》第八条规定，派驻纪检组依据相关规定，对驻在单位的党组织、党员、领导干部进行监督。[②] 2007年1月8日，吴官正在十六届中央纪委七次全会上要求继续加强对纪检监察派驻机构的统一管理改革，总结与探索加强监督的方式，从而充分发挥纪检监察派驻机构的作用。[③] 统一管理改革修正阶段主要从加强纪检、监察派驻机构履行监督职责[④]与加强联系机制[⑤]方面进行规范。

与此同时，省级纪检监察派驻机构也在依据地方实际情况，推进统一管理改革的试点、实施与加强，[⑥] 以进一步加强对地方和部门领导班子及其成员的经常性监督。[⑦]

① 参见《中华人民共和国行政监察法》(2010年修正)，已废止。

② 《中国共产党党内监督条例（试行）》(2003年)，已废止。

③ 吴官正：《拓展从源头上防治腐败工作领域，深入推进党风廉政建设和反腐败斗争——在十六届中央纪委七次全会上的讲话》(2007年1月8日)，载《中国监察》2007年第4期。

④ 参见《关于中共中央纪委派驻纪检组履行监督职责的意见》(2006年4月6日)，中纪发〔2006〕8号。

⑤ 参见《中央纪委监察部派驻机构工作汇报暂行办法》(2007年7月23日)；《中央纪委监察部向派驻机构通报情况暂行办法》(2007年7月23日)。

⑥ 参见《关于中共中央纪委派驻纪检组履行监督职责的意见》(2006年4月6日)，中纪发〔2006〕8号；纪委办公厅，中央纪委研究室编：《党的十四大以来中共中央纪律检查委员会历次全会工作报告汇编》，中国方正出版社2005年版，第341—342页；尉健行：《以“三个代表”重要思想为指导贯彻党的十五届六中全会精神取得党风廉政建设和反腐败斗争的新成果——在中共中央纪律检查委员会第七次全体会议上的工作报告》(2002年1月23日)，载《中国监察》2002年第3期；吴官正：《坚持用“三个代表”重要思想指导党风廉政建设和反腐败工作 为全面建设小康社会提供政治保证——在中国共产党中央纪律检查委员会第三次全体会议上的工作报告》(2004年1月11日)，载《中国监察》2004年第2期；吴官正：《全面履行党章赋予的职责，进一步加大防治力度，不断开创党风廉政建设和反腐败工作新局面——在十六届中央纪委六次全会上的讲话》(2006年1月5日)，载《中国监察》2006年第3期。

⑦ 参见胡锦涛：《在中央纪律检查委员会第五次全体会议上的讲话》(2005年1月11日)，载中共中央文献研究室编：《十六大以来重要文献选编（中）》，中央文献出版社2006年版，第602—603页。

表 7：纪检监察统一管理改革修正阶段重要规范列表

序号	时间	规范名称
1	2006 年 4 月 6 日	《中央纪委、监察部关于中共中央纪委派驻纪检组履行监督职责的意见》
2	2007 年 7 月 23 日	《中央纪委、监察部派驻机构工作汇报暂行办法》
3	2007 年 7 月 23 日	《中央纪委、监察部向派驻机构通报情况暂行办法》
4	2008 年 8 月	《中央纪委、监察部关于加强和改进派驻机构工作的若干意见》

资料来源：作者自制。

二、加强履行监督职责

1. 工作方式

纪检、监察派驻机构履行监督职责的工作方式主要包括：第一，参加会议。派驻机构领导通过参加驻在单位的党组会议、行政领导会议，监督其对议事规则的执行情况，从而提出纪检、监察意见或建议。派驻机构派人参加驻在单位党组成员的述职述廉会议，对相关民主评议或测评情况及时进行了解，并向中央纪委进行综合汇报。

第二，征集意见。派驻机构在驻在单位召开民主生活会前，通过征集对其党组及成员的意见，并参加其党组的民主生活会，从而对其制定、落实整改措施等情况进行监督检查。

第三，协助沟通交流。在驻在单位党组制定党组及其成员自我约束、正确履职、互相监督的制度时，派驻机构予以协助。针对驻在单位对党风廉政建设、廉洁自律等方面的贯彻执行情况，派驻机构领导须及时与驻在部门党组成员沟通交流、交换意见。

第四，其他方式。派驻机构依据实际需要，可以通过查阅资料、参加会议、参加活动、调查研究等方式进行工作。

2. 重点监督范围

纪检、监察派驻机构的重点监督范围主要包括：第一，干部选拔。派驻机构依据相关规定，监督检查驻在单位的干部选拔任用事宜，须向驻在单位以书面形式反馈对拟提拔干部的意见。

第二，党组成员的廉洁情况与个人重大事项。派驻机构对驻在单位的党组成员廉洁自律情况进行重点监督，主要包括住房、用车、出国、兼职、休假，以及配偶子女从业等方面。派驻机构对驻在单位的党组成员的个人家庭重大变化进行重点关注，并监督个人执行重大事项报告制度情况，及时汇报中央纪委。

第三，党组成员分管事项履职情况。针对驻在单位的党组成员分管范围内的党风廉政建设、反腐败工作等情况，派驻机构进行重点监督检查。派驻机构还可以通过参加其党风廉政建设责任制考核等方式进行监督，并定期向中央纪委汇报相关情况。

第四，公民控告检举事项。派驻机构必须严格依据相关规定，重点关注公民对驻在单位党组、领导的控告与检举，并及时处理。

三、加强联系机制

1. 工作汇报

纪检、监察派驻机构必须向中央纪委、监察部进行有关全面履职的工作报告。工作报告方式主要包括：年中报告、年终报告与谈话报告。[①]

第一，年中报告。派驻机构每年 6 月就上半年工作情况在专门会议上向中央纪委、监察部进行报告。报告会议主要由中央纪委第一、第二、第三、第四纪检监察室组织，具体依据对应联系机构分别筹备。派驻机构主要负责人主要围绕着上半年建设情况、履职情况、与相关建议向中央纪委、监察部分管领导进行报告。中央纪委监察综合室汇总各派驻机构的报告情况后，将其呈交中央纪委、监察部的主要领导，并通报相关处室。中央纪委的监察综合室组织、协调相关处室及时解决、恢复派驻机构反映的问题、建议等。

第二，年度汇报。派驻机构通过工作汇报会与工作总结会向中央纪委、监察部进行年终工作报告。每年 12 月，在中央纪委第一、第二、第三、第四纪检监察室的组织筹备下，中央纪委、监察部具

① 参见《中央纪委监察部派驻机构工作汇报暂行办法》（2007 年 7 月 23 日）。

体分管领导主持召开各自对应的派驻机构的工作报告会，听取派驻机构主要负责人进行述职述廉、年终工作报告。派驻机构主要负责人主要围绕派驻机构的自身建设情况、履职情况、廉洁自律情况以及相关建议进行报告，其中可重点围绕驻在单位及其下属单位的党风廉政建设、反腐败情况，以及对驻在单位党组、领导班子的监督情况。派驻机构必须中央纪委的监察综合室提交年终报告纸质版材料。

随后，在中央纪委监察综合室、干部室、办公厅与机关事务管理局筹备下召开总结会，中央纪委、监察部主要领导对派驻机构的年终工作进行全面总结，并对来年工作提出具体要求，派驻机构在总结会上对工作经验进行交流。中央纪委监察综合室具体汇总派驻机构所反映的问题与建议，并及时组织、协调相关处室回复或解决。

第三，谈话报告。除了上述方式之外，派驻机构主要负责人可以主动向中央纪委、监察部分管领导报告相关工作或者重要情况。中央纪委、监察部分管领导可以随时与派驻机构主要负责人谈话沟通派驻相关工作或者重要情况。

2. 通报制度

中央纪委、监察部每年依据具体情况适时向派驻机构召开相关情况通报会，以强化中央纪委、监察部对派驻工作的领导功能。[①]

在中央纪委的监察综合室的组织筹备下，中央纪委、监察部相关领导及其相关处室负责人、派驻机构主要负责人出席相关情况通报会。如果涉及其他处室的相关情况时，需要予以配合、组织、协调。中央纪委、监察部主要围绕中共中央、国务院的重要决定和有关会议精神，以及中央纪委、监察部的重要工作部署及其进展情况、机关建设工作、重要案件查办工作、干部管理工作以及其他相关情况向派驻机构进行通报。

另一方面，派驻机构也可以依据实际情况向中央纪委、监察部通报相关情况，并提出相关建议。派驻机构在履职过程中，遇到下

① 参见《中央纪委监察部向派驻机构通报情况暂行办法》（2007年7月23日）。

列情况须及时向中央纪委报告：第一，发现驻在单位党组、成员涉嫌违反党纪、存在严重违反相关制度以及其他严重情况；第二，接到驻在单位党组、成员违反党纪的信访举报；第三，驻在单位无正当理由拒不按照派驻机构的相关意见进行纠正的。派驻机构也可以依据中央纪委要求向驻在单位党组主要负责人进行通报。

派驻机构依规向中央纪委报告上述情况时，可以提出下列建议：第一，发函建议。请中央纪委发函要求相关人员说明情况的建议。第二，谈话建议。由中央纪委领导或其他人员与相关人员谈话的建议。第三，初步核实建议。对驻在单位部分领导涉嫌违反党纪进行初步核实的建议。

第四节　加强派出检察室建设阶段

一、派驻检察机构的建设

2002年年底，我国共设置3624个检察院，其中铁路运输、农垦、林业、监狱、工矿、油田、坝区、开发区检察院等各类派出检察院共283个。2003年年底，全国各级检察机关共有派出检察院308个。其中，派出检察分院31个（包括铁路运输、农垦、林业等检察分院），基层派出检察院277个（包括铁路运输、农垦、林业、监所、工矿等基层检察院）。全国派出检察院共有编制8459人（行政编制2943人，事业编制230人，企业编制5286人），实有人员7712人。此外，还有派驻监狱、劳教部门的检察室和极少数乡镇检察室共589个。[①]

在检察院派驻制度快速发展过程中，也产生了很多实践问题：第一，派驻设置标准缺失，例如同一类型的派驻检察机构的派出主体不一。另外，“国家在多数工矿区、农垦区、林区等部门企业设

① 童建明，万春：《中国检察体制改革论纲》，中国检察出版社2008年版，第11、12、353、355、359、395、399页。

立派出检察院的必要性已经随着经济发展与技术进步而消失。”[①] 第二，派驻检察机构的独立性不强。

二、加强派出检察室建设

最高人民检察院于2009年2月27日发布《2009—2012年基层人民检察院建设规划》，积极探索派驻街道、乡镇、社区检察机构建设。[②] 最高人民检察院于2010年10月发布《关于进一步加强和规范检察机关延伸法律监督触角促进检力下沉工作的指导意见》，加强与规范派出检察室建设。[③] 最高人民检察院于2011年3月发布《关于进一步加强和改进人民检察院基层建设的意见》，全面提升人民检察院基层建设成效。[④]

加强和规范派出检察室建设，必须将群众诉求的联系通道打通，将法律监督向基层延伸，使检察工作重心得以下移，加强重点工作开展，全面推动行政法治与司法公正。应当在人口数量众多、信访总量较大、治安问题比较突出与辐射功能较强的地区，对派出检察室进行重点设置，可以与人民法院的派出法庭相对应。基层检察院派出检察室，名称为“人民检察院派驻（地名）检察室”。检察室的存废与更名，须报请省人民检察院批准。要加强检察机关的队伍建设，严格禁止聘用社会人士从事检察工作。对群众投诉和举报的案件线索，检察室一律不得自行处置。[⑤]

以推进人民检察院基层建设为核心，检察室重点从以下四方面加强和改进工作：第一，围绕中心任务认真履职。以全面履职为基础，以群众工作为依托，积极解决基层矛盾，提升基层法治水平，创新社会管理模式，助力服务国家建设大局。

第二，深入推进检察室建设。以执法意识、执法工作规范、加

① 徐鹤喃，张步洪：《检察机关组织机构设置探析》，载《人民检察》2007年第2期。

② 参见《最高人民检察院关于2009—2012年基层人民检察院建设规划》（2009年2月27日）。

③ 参见《最高人民检察院关于进一步加强和规范检察机关延伸法律监督触角促进检力下沉工作的指导意见》（2010年10月）。

④ 参见《最高人民检察院关于进一步加强和改进人民检察院基层建设的意见》（2011年3月）。

⑤ 《最高人民检察院关于进一步加强和规范检察机关延伸法律监督触角促进检力下沉工作的指导意见》（2010年10月）。

强和监督检查为重点推进执法规范化建设。以职业道德、队伍结构、专业培训、人才建设、检察文化为重点推进队伍专业化建设。以内部管理机制、机构设置、干部人事制度为重点推进管理科学化建设。以经费保障机制、业务装备配备标准、信息化发展、财务管理等为重点推进保障现代化建设。

第三，加强自我约束。以加强自身反腐倡廉、内部监督制约机制、加强纪律作风建设等为重点加强检察室自我约束能力，全面提升执法公信力。

第四，强化对检察室检察工作的领导。健全派出检察院与监察室的工作联系机制，充分发挥派出检察院的领导功效。推动示范检察室的标准化建设，充分发挥其引领与模范作用。完善检察室建设考核机制，提升检察室建设的科学水平。以解决实际问题为重点，全面提升基层检察室工作水平，重点加强西部、贫困地区基层检察室建设。①

① 参见《最高人民检察院关于进一步加强和改进人民检察院基层建设的意见》(2011年3月)。

第五章　纪检监察派驻制度的全覆盖派驻改革阶段

第一节　中央一级全面派驻改革阶段

一、改革过程

中国共产党第十八届中央委员会于2013年11月12日召开第三次全体会议，通过《中共中央关于全面深化改革若干重大问题的决定》。在“强化权力运行制约和监督体系”部分，要求“全面落实中央纪委向中央一级党和国家机关派驻纪检机构，实行统一名称、统一管理。派驻机构对派出机关负责，履行监督职责”。[①] 此后，纪检监察派驻制度正式进入中央一级全面派驻改革阶段，全面开启聚焦全面派驻、统一管理、强化监督职责的全覆盖派驻改革阶段。

根据十八届三中全会会议精神，十八届中央纪律检查委员会于2014年1月13日召开第三次全体会议，以领导体制、加强监督履责、干部管理为重点全面启动中央一级纪检监察派驻机构的改革。[②] 第一，中央纪委全面落实向中央一级的党与国家机关派驻纪检机构，并对其采取统一管理模式，派驻机构采取统一名称。第二，以派驻机构的工作职责、人员配备、组织设置、后勤保障等为重点制

---

① 《中共中央关于全面深化改革若干重大问题的决定》（2013年11月12日），载中共中央文献研究室编：《十八大以来重要文献选编（上）》，中央文献出版社2014年版，第548页。

② 参见王岐山：《聚焦中心任务　创新体制机制　深入推进党风廉政建设和反腐败斗争——在中国共产党第十八届中央纪律检查委员会第三次全体会议上的工作报告》（2014年1月13日），载《中国纪检监察》2014年第3期。

定指导性意见，全面加强派驻机构建设。第三，健全派驻机构与派出机关、驻在单位的联系与分工机制。派驻机构必须对派出机关负责，以监督驻在单位领导、领导班子为重点强化监督职责。派出机关加强领导，完善派驻机构的考核、责任追究与激励机制。驻在单位自觉接受监督，支持与保障派驻机构工作，并为其提供工作经费。派驻机构负责人不得在驻在单位党组中分管业务工作。第四，针对不同层级派驻机构，积极探索加强建设的途径。

中共中央政治局于 2014 年 6 月 30 日审议通过《党的纪律检查体制改革实施方案》。在要求中央纪委逐步落实向中央一级的党和国家机关派驻纪检机构的基础上，主线突出派驻机构的监督职责。[①]

中央政治局常委会议于 2014 年 12 月 11 日通过《关于加强中央纪委派驻机构建设的意见》。要求中央纪委全面落实向中央一级的党与国家机关派驻纪检机构的决定，并对其采取统一管理模式，派驻机构采取统一名称，以党风廉政、反腐败为中心任务，按照全面派驻、职能明确、分类设置、权责一致的原则，聚焦总体要求、内部设置、监督职能、组织领导、管理保障、协作关系六个方面，[②]提出了改革派驻机构制度的有效举措，切实加强了中央与国家机关的党风廉政建设与反腐败工作。[③]

中国共产党第十八届中央纪律检查委员会于 2015 年 1 月 12 日召开第五次全体会议，以深化派驻机构改革作为强化党内监督的重要举措。[④] 试图以下列措施在拥有“派”的权威下充分发挥“驻”的优势：第一，坚持“统筹兼顾、循序渐进、内涵发展”基本原则，逐步对一百四十二个中央一级党政国家机关实现全面派驻，使党内监督全面覆盖。在依据要求改革、调整继续保留的四十四个派

① 《党的纪律检查体制改革实施方案》（2014 年 6 月 30 日）。

② 参见中共中央组织部党建研究所编：《党的建设大事记》，党建读物出版社 2018 年版，第 229—230 页。

③ 中央纪委国家监委研究室编：《中国共产党党风廉政建设百年纪事》，中国方正出版社 2021 年版，第 397 页。

④ 参见王岐山：《依法治国　依规治党　坚定不移推进党风廉政建设和反腐败斗争——在中国共产党第十八届中央纪律检查委员会第五次全体会议上的工作报告》（2015 年 1 月 12 日），载《中国纪检监察》2015 年第 2 期。

驻机构的基础上，新增设置八个中央纪委派驻机构。省级派驻机构可以在试点的基础上逐步实现全面派驻。第二，就中央纪委派驻纪检组的正副组长的提名与考察制定规范文件，健全干部交流机制。第三，厘清派驻机构与派出机关、驻在单位等的关系，加强派出机关对派驻机构的领导。完善派驻机构主要负责人与驻在单位领导就反腐败、党风廉政相关情况、问题的联系机制。第四，优化工作方式，创新工作方法，尝试探索“归口派驻”路径。

依据《关于加强中央纪委派驻机构建设的意见》与中央相关规定，中央纪委于2015年3月25日至3月27日向中央办公厅、中央组织部、中央统战部、中央宣传部、全国人大机关、全国政协机关、国务院办公厅派驻7个纪检机构，均为中央纪委首次派驻，这是实现中央一级的党与国家机关纪检全面派驻的重要一步。①

中央办公厅于2015年3月26日发布《中央纪委派驻纪检组组长、副组长提名考察办法（试行）》。其中明确了中央纪委派驻纪检组正副组长在候选范围、提名资格与具体的提名、考察程序等方面的具体要求。②

中共中央政治局常委会会议于2015年11月1日审议了《关于中央一级派驻机构相关方案》。作为深化纪律检查体制改革并加强党的自我监督的重要举措，中央纪委须向一百三十九个中央一级的党与国家机关派驻四十七个纪检机构，二十个采取单独派驻模式，二十个采取综合派驻模式，以领导体制、内部设置、职能调整等为派驻改革重点，为全面从严治党提供保障。③

中共中央办公厅于2015年11月20日发布《关于全面落实中央纪委向中央一级党和国家机关派驻纪检机构的方案》。截止2015年年底，中央纪委共派出四十七个纪检机构，实行统一领导、统一名称、统一管理。通过综合派驻（二十七个）和单派驻（二十个）

① 中央纪委国家监委研究室编：《中国共产党党风廉政建设百年纪事》，中国方正出版社2021年版，第405—406页。

② 参见《中央纪委派驻纪检组组长、副组长提名考察办法（试行）》（2015年3月26日）。

③ 中共中央组织部党建研究所编：《党的建设大事记》，党建读物出版社2018年版，第328页。

的方式，[①] 对一百三十九个中央一级的党与国家机关实现了纪检派驻机构的全覆盖。[②]

中国共产党第十八届中央纪律检查委员会于2016年1月12日召开第六次全体会议，要求"强化派驻监督，发挥'派'的权威和'驻'的优势"。[③] 第一，加快完成中央一级派驻全覆盖的相关工作，及时在机构、干部、衔接等方面进行调整，并健全派驻机构相关制度。第二，以监督为重点充分履职。以问题线索为触点，苗头问题及时提醒，重大问题及时铲板，及时与驻在单位党组沟通交流，分析总结产生问题的原因，并及时提出相应建议。第三，强化派驻干部的敢为意识。第四，总结推广新设派驻机构的工作经验，在纪委系统进行交流、推广。第五，省级纪委依据当地实际全面推动全面派驻建设。

中共中央办公厅于2016年11月发布《关于在北京市、山西省、浙江省开展国家监察体制改革试点方案》。第十二届全国人大常委会于2016年12月召开第二十五次会议，通过《全国人民代表大会常务委员会关于在北京市、山西省、浙江省开展国家监察体制改革试点工作的决定》。党内决议与全国人大常委会决议相结合，正式启动国家监察体制改革试点实践。[④]

中国共产党第十八届中央纪律检查委员会于2017年1月6日召开第七次全体会议，要求"完善派驻监督机制，发挥派驻监督作用"。[⑤] 中央纪委派驻机构必须加大监督、执纪、问责的力度，以对

① 参见王岐山：《全面从严治党 把纪律挺在前面 忠诚履行党章赋予的神圣职责——在中国共产党第十八届中央纪律检查委员会第六次全体会议上的工作报告》（2016年1月12日），载《中国纪检监察》2017年第2期。

② 中央纪委国家监委研究室编：《中国共产党党风廉政建设百年纪事》，中国方正出版社2021年版，第415页。

③ 王岐山：《全面从严治党 把纪律挺在前面 忠诚履行党章赋予的神圣职责——在中国共产党第十八届中央纪律检查委员会第六次全体会议上的工作报告》（2016年1月12日），载《中国纪检监察》2017年第2期。

④ 参见《关于在北京市、山西省、浙江省开展国家监察体制改革试点方案》（2016年11月）；《全国人民代表大会常务委员会关于在北京市、山西省、浙江省开展国家监察体制改革试点工作的决定》，2016年12月第十二届全国人大常委会第二十五次会议通过。

⑤ 参见王岐山：《推动全面从严治党向纵深发展 以优异成绩迎接党的十九大召开——在中国共产党第十八届中央纪律检查委员会第七次全体会议上的工作报告》（2017年1月6日），载《中国纪检监察》2017年第2期。

驻在单位领导、领导班子的日常监督为重点切实履职，并及时向中央纪委进行请示汇报。省级纪委必须加强巩固派驻机构改革成果，稳步推进市地一级派驻全覆盖。

表 8：纪检监察中央一级全面派驻改革阶段重要规范列表

序号	时间	规范名称
1	2013 年 11 月 12 日	《中共中央关于全面深化改革若干重大问题的决定》
2	2014 年 6 月 30 日	《党的纪律检查体制改革实施方案》
3	2014 年 12 月 31 日	《中共中央关于加强中央纪委派驻机构建设的意见》
4	2015 年 3 月 26 日	《中央纪委派驻纪检组组长、副组长提名考察办法（试行）》
5	2015 年 11 月 20 日	《中共中央关于全面落实中央纪委向中央一级党和国家机关派驻纪检机构的方案》

资料来源：作者自制。

二、具体要求

1. 领导体制

中央纪委、监察部直接领导中央一级的纪检监察派驻机构，派驻机构须协助与配合中央纪委、监察部相关部门履行相应职责。驻在单位相关机构承担本单位的党风廉政建设日常工作，派驻机构对驻在单位及其下属单位的业务工作进行指导、监督、检查，派驻机构与驻在单位是监督与被监督关系。[①]

2. 工作职责

派驻机构的工作职责包括：第一，对驻在单位领导、领导班子遵守党内法规等情况进行监督检查，如果发现重要情况，可以随时向中央纪委汇报；第二，涉及驻在单位领导班子、中管干部的问题线索，派驻机构可在中央纪委同意下初步核实；第三，驻在单位领导班子如果存在履行党风廉政建设主体责任不力且造成严重后果

① 参见中共中央组织部党建研究所编：《党的建设大事记》，党建读物出版社 2018 年版，第 229—230 页。

时，派驻机构须提出问责建议；第四，接受并处理对驻在单位党组织、党员的检举与控告。

派驻机构具体通过下列方式履职：第一，经过批准后，查阅或复制驻在单位的相关材料；第二，经过批准后，查阅、调查核实驻在单位领导的个人事项报告材料；第三，派驻机构负责人可与驻在单位管理的干部进行谈话；第四，派驻机构如果发现驻在单位存在党风廉政建设方面问题，须以书面形式向其提出建议、意见；第五，驻在单位的“三重一大”等事项的研究会议、领导班子会议，派驻机构负责人可参加或列席。

3. 干部任免与保障

中央纪委派驻纪检组正副组长的提名与考察，主要由上级纪检委员会与组织部门负责。第一，由中央纪委与中央组织部共同提名中央纪委派驻纪检组组长人选，并组织进行考察；中央纪委提名中央纪委派驻纪检组副组长人选，并组织进行考察。[①] 第二，纪检组正副组长的候选人须既要拥有监督的勇气又要具备监督的手段，在以往党风廉政建设、履行监督责任的过程表现优异。第三，纪检组正副组长的候选人既可以从纪检系统内提名，又可以在纪检系统外进行提名，注意交流任职。第四，驻在部门负责派驻机构的办公条件、工作经费与保障。

第二节　全面派驻改革阶段

一、改革过程

2017 年 10 月 18 日，党的十九大报告从“夺取反腐败斗争压倒性胜利”和“健全党和国家监督体系”方面，提出了深化国家监察

① 参见中共中央组织部党建研究所编：《党的建设大事记》，党建读物出版社 2018 年版，第 253—254 页。

体制改革的具体要求，进而“坚定不移全面从严治党”。[①]

中国共产党第十九次全国代表大会于 2017 年 10 月 24 日对《党章》进行了修改，修改了纪检派驻制度的相关内容。第四十五条第四款规定，中央纪律检查委员会、地方纪律检查委员会分别向同级党和国家机关全面派驻党的纪律检查组。[②] 驻在单位必须积极支持派驻机构的工作，派驻机构负责人可以参加驻在单位党组织的相关会议。

这是《党章》中首次写入地方纪检派驻制度，将“可以派驻”改为“全面派驻”，将“可以列席”改为“参加”驻在单位及其党组会议。中央纪律检查委员会进一步要求，完善派驻机构的领导体制、考核机制与其他工作机制，加强派出机关对派驻机构的统一管理，正式进入纪检监察全面派驻改革阶段。[③]

中共中央办公厅于 2017 年 10 月发布《关于在全国各地推开国家监察体制改革试点方案》。第十二届全国人大常委会于 2017 年 11 月召开第三十次会议，通过了《全国人民代表大会常务委员会关于在全国各地推开国家监察体制改革试点工作的决定》，全国全面铺开国家监察体制改革试点。[④]

中国共产党第十九届中央纪律检查委员会于 2018 年 1 月 11 日召开第二次全体会议，通过完善地方纪委派驻体制机制来继续深化派驻机构改革。[⑤] 第一，全面规范派驻机构的权限与程序，完善地方纪检派驻全覆盖机制，充分发挥以监督为重点的监察职责。第

---

① 参见习近平：《决胜全面建成小康社会，夺取新时代中国特色社会主义伟大胜利》（2017 年 10 月 18 日），载中共中央文献研究室编：《十九大以来重要文献选编（上）》，中央文献出版社 2019 年版，第 43—50 页。

② 参见《中国共产党章程》（2019 年）第四十五条第四款。

③ 参见《十八届中央纪律检查委员会向中国共产党第十九次全国代表大会的工作报告》（2017 年 10 月 24 日），载中共中央文献研究室编：《十九大以来重要文献选编（上）》，中央文献出版社 2019 年版，第 57—84 页。

④ 参见《关于在全国各地推开国家监察体制改革试点方案》（2017 年 10 月）。

参见《全国人民代表大会常务委员会关于在全国各地推开国家监察体制改革试点工作的决定》，2017 年 11 月第十二届全国人大常委会第三十次会议通过。

⑤ 参见赵乐际：《以习近平新时代中国特色社会主义思想为指导，坚定不移落实党的十九大全面从严治党战略部署——在中国共产党第十九届中央纪律检查委员会第二次全体会议上的工作报告》（2018 年 1 月 11 日），载《中国纪检监察》2018 年第 2 期。

二，以监督职责为重点全面推动管党治党责任全面落实。第三，强化领导责任，不仅要加强纪委派出机关对派驻机构的领导，而且要加强上级纪委对下级纪委的领导。第四，督促派驻机构以“转职能、转方式、转作风”持续深化改革，确实承担全面从严治党的协助责任。

第十三届全国人民代表大会于 2018 年 3 月 11 日召开第一次会议，通过《中华人民共和国宪法修正案》，对《宪法》进行第五次修正。在“第三章　国家机构”新增了“第七节　监察委员会”，[①] 在宪法层面规定了监察机关的地位、性质、职权、产生、任期等。第十三届全国人民代表大会于 2018 年 3 月 20 日召开第一次会议，通过了《中华人民共和国监察法》，第 12 条、第 13 条规定了监察派驻制度的领导体制、派驻范围与具体权限，《中华人民共和国行政监察法》同时废止。

中共中央办公厅于 2018 年 6 月 2 日发布《中央纪委国家监委派驻机构改革方案》。在适应深化国家监察体制改革需要的背景下，中央纪委与国家监委合并设立，全面派驻纪检监察机构，坚持党内监督与国家监察全覆盖。[②] 第一，以“内涵发展”为基本原则，科学合理地设置机构与职能，并统筹安排人员。第二，以问题为导向，适度调整监督范围、内部设置、干部配备等。第三，加强监督职责，在纪检监察层面为深化党和国家机构改革提供保障。经党中央批准，依据党章党规与宪法、监察法规定，中央纪委国家监委统一派出四十六个纪检监察派驻机构，派驻监督一百二十九个中央一级党与国家机关单位，并依据驻在单位的变化而相应调整派驻机构名称。[③]

中共中央办公厅于 2018 年 10 月 21 日发布《关于深化中央纪委国家监委派驻机构改革的意见》，从职责履行、领导体制、服务

---

① 参见《中华人民共和国宪法》（2018 年修正）第一百二十三条至第一百二十七条。

② 参见《中央纪委国家监委派驻机构改革方案》（2018 年 6 月 2 日）。

③ 中央纪委国家监委研究室编：《中国共产党党风廉政建设百年纪事》，中国方正出版社 2021 年版，第 462 页。

保障等方面出发进一步深化中央纪委国家监委派驻机构改革。[①] 党中央决定，在巩固党的十八大以来派驻监督取得的明显成效基础上，进一步深化中央纪委国家监委派驻机构改革，完善派驻监督体制机制，为推动全面从严治党和反腐败斗争向纵深发展提供有力保证。中央纪委国家监委以改革中遇到的重大问题为重点解决对象，全面加强派驻机构的制度建设、干部队伍建设与服务保障，驻在单位须积极配合、支持派驻机构的纪检监察工作。[②]

在 2018 年，中央纪委国家监委启动了对部分高校纪委书记的考核，由驻相应主管部门纪检监察组予以协助，并与地方纪委共同加强对高校纪委工作的指导、监督与检查。各省级纪委监委继续完成向省级党与国家机关全面派驻的改革工作。[③]

中国共产党第十九届中央纪律检查委员会于 2019 年 1 月 11 日召开第三次全体会议，要求分类推进派驻体制机制创新，提高派驻监督全覆盖质量，持续深化派驻机构改革。[④] 第一，中央纪委国家监委制定派驻机构的工作规则与考核办法。第二，中央纪委国家监委强化对中央一级派驻机构的统一管理。对以及接受中央管理的党委书记、校长所在的高校纪检监察机构、中管金融企业、中管企业加强领导与管理，加强对派驻干部的教育培训、考核评价与管理监督，提高派驻监督全覆盖质量。第三，全面完成地方纪委监委派驻机构改革和市地级以上纪委监委监督检查与审查调查部门分设。

中央纪委国家监委于 2019 年 9 月发布《〈关于推进中管企业纪

---

① 参见《中共中央关于深化中央纪委国家监委派驻机构改革的意见》(2018 年 10 月 21 日)；赵乐际：《忠实履行党章和宪法赋予的职责　努力实现新时代纪检监察工作高质量发展——在中国共产党第十九届中央纪律检查委员会第三次全体会议上的工作报告》(2019 年 1 月 11 日)，载《中国纪检监察》2019 年第 4 期。

② 参见中央纪委国家监委研究室编：《中国共产党党风廉政建设百年纪事》，中国方正出版社 2021 年版，第 373 页。

③ 参见赵乐际：《忠实履行党章和宪法赋予的职责　努力实现新时代纪检监察工作高质量发展——在中国共产党第十九届中央纪律检查委员会第三次全体会议上的工作报告》(2019 年 1 月 11 日)，载《中国纪检监察》2019 年第 4 期。

④ 参见赵乐际：《忠实履行党章和宪法赋予的职责　努力实现新时代纪检监察工作高质量发展——在中国共产党第十九届中央纪律检查委员会第三次全体会议上的工作报告》(2019 年 1 月 11 日)，载《中国纪检监察》2019 年第 4 期。

检监察体制改革的实施意见〉实施管理办法（试行）》，对中管金融企业、中管企业，以及接受中央管理的党委书记、校长所在的高校纪检监察机构在监督检查审查调查中可以采取的措施种类、措施使用阶段、采取措施的审批权限和办理程序以及措施使用监管等做出规定，进而规范派驻机构行使监察权。[①]

在 2019 年，纪检监察机关逐步推进派驻机构改革，全国纪检监察机关派驻机构共处置问题线索 27.5 万件，谈话函询 8.3 万人次，初步核实 21 万人次，立案 6.6 万件，处分 5.9 万人。[②] 第一，推动《中共中央关于深化中央纪委国家监委派驻机构改革的意见》贯彻落实。全面推进中央一级党和国家机关、中管金融企业、中管企业，以及接受中央管理的党委书记、校长所在的高校纪检监察体制改革，并制定相应考核办法；第二，在采取垂直领导体制的单位内部进行纪检监察派驻体制改革试点，并对领导班子由国务院国资委党委管理的中央企业开展纪检监察派驻体制改革。第三，完善派驻制度联系机制。完善对派驻机构“三为主一报告”工作机制，并推动派驻机构与纪委监委内设机构对接职能。第四，加强对省级派驻机构改革的领导，地方纪委监委可以依据实际情况开展由地方党委管理的企事业单位的纪检监察机构改革。

中国共产党第十九届中央纪律检查委员会于 2020 年 1 月 13 日召开第四次全体会议，要求持续深化纪检监察派驻体制改革，推动健全党和国家监督体系。[③] 第一，加强地方纪委监委与派驻机构的协作交流机制，完善派驻机构的工作制度。以纪检监察派驻模式加强对国有企事业单位监督的监督机制，进一步扩大在采取垂直领导体制的单位进行纪检监察派驻试点改革。第二，扩大对监督力量的

---

① 参见《中央纪委国家监委〈关于推进中管企业纪检监察体制改革的实施意见〉实施管理办法（试行）》（2019 年 9 月）。

② 参见赵乐际：《坚持和完善党和国家监督体系　为全面建成小康社会提供坚强保障——在中国共产党第十九届中央纪律检查委员会第四次全体会议上的工作报告》（2020 年 1 月 13 日），载《中国纪检监察》2020 年第 5 期。

③ 参见赵乐际：《坚持和完善党和国家监督体系　为全面建成小康社会提供坚强保障——在中国共产党第十九届中央纪律检查委员会第四次全体会议上的工作报告》（2020 年 1 月 13 日），载《中国纪检监察》2020 年第 5 期。

整合使用，提高基层纪委监委的监督水平。第三，健全纪律、监察、派驻、巡视等监督的衔接机制，发挥纪委监委监督的辅助、导向、推进作用，使党内监督与人大、民主、行政、司法、审计、财务、统计、群众、媒体等监督相互贯通、相互配合。

在2020年，中央纪委国家监委继续推进派驻机构改革工作。第一，加强纪检监察机关监督的辅助、指导、推动作用，健全信息交流、措施运用、线索移交、成果共享等工作机制，促进纪律、监察、派驻、巡视监督的有效衔接和协调。第二，加强上级纪委监委对下级的领导，指导各地改进与拓展监督向基层延伸的有效方式，探索通过派驻方式来加强对企业、企业等单位的监督，并在采取垂直领导体制的单位中继续深化纪检监察体制改革试点，进一步提高全覆盖监督的范围和效果。[①]

中国共产党第十九届中央纪律检查委员会于2021年1月22日召开第五次全体会议，要求抓深抓实纪检监察派驻体制改革，有效推进党内监督和国家监察全覆盖。[②] 第一，在监督检查与审查调查等重点工作中，强化上级纪委监委对下级的领导，加强派出机关对派驻机构的领导；第二，加强地方纪检监察派驻机构的内部设置与人员配备等，明确职责定位并规范履职，提高派驻监督效能；第三，加强对采取垂直领导体制的单位、省级纪委监委在省直高校及国企进行纪检监察派驻试点改革，并持续深化中管高校纪检监察体制改革；第四，完善“室组”联动、“室组地”共同办理案件的机制，促进内设纪检机构、监管机构等形成联动监督；第五，制定纪检监察机关的派驻机构的工作规则，关于纪律、监察、派驻、巡视监督等统筹衔接的意见，加强纪检监察派驻制度的法治化建设。

中央纪委国家监委于2021年5月21日召开了深化地方派驻机

① 参见赵乐际：《推动新时代纪检监察工作高质量发展　以优异成绩庆祝中国共产党成立100周年——在中国共产党第十九届中央纪律检查委员会第五次全体会议上的工作报告》（2021年1月22日），载《中国纪检监察》2021年第7期。

② 参见赵乐际：《推动新时代纪检监察工作高质量发展　以优异成绩庆祝中国共产党成立100周年——在中国共产党第十九届中央纪律检查委员会第五次全体会议上的工作报告》（2021年1月22日），载《中国纪检监察》2021年第7期。

构改革工作的座谈交流会。深化地方派驻机构改革，有利于加强党的全面领导、保障党中央决策贯彻落实、完善监督体系与提升派驻监督效能。[①]

2021 年 7 月 20 日，《中华人民共和国监察法实施条例》实施。其规范了监察派驻制度的领导、权限、管辖、程序与反腐败国际合作等方面。2021 年 8 月 20 日，《中华人民共和国监察官法》将各级监察委员会派驻或者派出的监察人员、监察专员均纳入监察官范围，规定了监察官的职责、条件、任免、管理、考核和奖惩等。

2021 年 10 月，中央纪委国家监委制定《中央纪委国家监委关于进一步加强纪律监督、监察监督、派驻监督、巡视监督统筹衔接的意见》，以推进“四项监督”在决策部署指挥、资源力量整合、措施手段运用上更加协调统一。[②]

在 2021 年，纪检监察派驻机构有效推进了派驻机构改革。第一，制定《中央纪委国家监委关于进一步加强纪律监督、监察监督、派驻监督、巡视监督统筹衔接的意见》，以完善党和国家监督体系；第二，制定《关于深化中管高校纪检监察体制改革的意见》，由中管高校纪委书记担任国家监委派驻高校的监察专员；第三，扩大采取垂直领导体制的单位的派驻改革试点，加强指导中管金融企业、中管企业深化纪检监察体制改革，扩大省级纪委监委在省直高校及国企进行派驻试点改革，深化省市县派驻机构改革；第四，完善“室组”联动、“室组地”共同办理案件的机制，提高监督的联动性。第五，加强纪律、监察、派驻、巡视监督等相应机构的协调协作。[③]

中国共产党第十九届中央纪律检查委员会于 2022 年 1 月 18 日召开第六次全体会议，要求促进纪检监察体制改革系统集成、协同

---

① 参见中央纪委国家监委研究室编：《中国共产党党风廉政建设百年纪事》，中国方正出版社 2021 年版，第 554 页。

② 参见《中央纪委国家监委关于进一步加强纪律监督、监察监督、派驻监督、巡视监督统筹衔接的意见》（2021 年 10 月）。

③ 参见赵乐际：《运用党的百年奋斗历史经验推动纪检监察工作高质量发展　迎接党的二十大胜利召开——在中国共产党第十九届中央纪律检查委员会第六次全体会议上的工作报告》（2022 年 1 月 18 日），载《中国纪检监察》2022 年第 5 期。

高效，推动制度优势转化为治理效能。[①] 在新时代背景下继续深化纪检监察体制的改革，加强其规范化、法治化和制度化的建设，才能使得纪检监察工作中取得高质量的发展。遵循党的统一领导、全面覆盖和权威高效的要求，在党的监督的领导下，加强专责监督，把各种监督贯穿起来，使中国特色的社会主义监督体系更加健全。第一，在监督检查与审查调查等重点工作中，强化上级纪委监委对下级的领导，加强派出机关对派驻机构的领导。第二，制定纪检监察机关派驻机构的相关工作规则，完善纪检监察法规制度体系。第三，完善“室组”联动、“室组地”共同办理案件的机制，加强对驻在单位纪委履职情况的监督指导。第四，全面强化中管高校与企业纪检监察工作，推进采取垂直领导体制的单位进行派驻改革，指导开展省级纪委监委向省属国企、高校开展派驻试点改革，全面深化省市县的派驻机构改革，完善基层纪检监察制度。

中央纪委国家监委于 2022 年 1 月 23 日发布《关于深化中管高校纪检监察体制改革的意见》，在领导体制、工作机制、职责定位等方面深化改革，全面加强中管高校纪检监察工作。[②]

中共中央办公厅于 2022 年 6 月 2 日发布了《纪检监察机关派驻机构工作规则》。全面规范了纪检监察机关派驻机构的组织设置、领导体制、工作职责、履职程序与管理监督等，着眼健全系统集成、协同高效的派驻监督体制机制。

中国共产党第二十次全国代表大会于 2022 年 10 月 16 日召开，习近平总书记强调，“健全党统一领导、全面覆盖、权威高效的监督体系，完善权力监督制约机制，以党内监督为主导，促进各类监督贯通协调，让权力在阳光下运行”。[③]

---

① 参见赵乐际：《运用党的百年奋斗历史经验推动纪检监察工作高质量发展　迎接党的二十大胜利召开——在中国共产党第十九届中央纪律检查委员会第六次全体会议上的工作报告》（2022 年 1 月 18 日），载《中国纪检监察》2022 年第 5 期。

② 参见《中央纪委国家监委关于深化中管高校纪检监察体制改革的意见》（2022 年 1 月 23 日）。

③ 参见习近平：《高举中国特色社会主义伟大旗帜　为全面建设社会主义现代化国家而团结奋斗——在中国共产党第二十次全国代表大会上的报告》，载《求是》2022 年第 21 期。

表 9：纪检监察全面派驻改革阶段重要规范列表

序号	时间	规范名称
1	2018 年 6 月 2 日	《中共中央关于纪委国家监委派驻机构政革方案》
2	2018 年 10 月 21 日	《中共中央关于深化中央纪委国家监委派驻机构改革的意见》
3	2019 年 9 月	《中央纪委国家监委〈关于推进中管企业纪检监察体制改革的实施意见〉实施管理办法（试行）》
4	2022 年 1 月 23 日	《中央纪委国家监委关于深化中管高校纪检监察体制改革的意见》
5	2021 年 10 月	《中央纪委国家监委关于进一步加强纪律监督、监察监督、派驻监督、巡视监督统筹衔接的意见》
6	2022 年 6 月 2 日	《纪检监察机关派驻机构工作规则》

资料来源：作者自制。

二、具体建设

以习近平新时代中国特色社会主义为指导，深入贯彻党的十九大及十九届历次全会精神，以自我革命、敢于斗争、求真务实为原则，深入贯彻落实全面从严治党的战略方针，坚定不移推进党风廉政建设与反腐败斗争，全面构建系统集成、协同高效的派驻监督体系，在“派”的权威下充分发挥“驻”的优势，协同推进不敢腐败、不能腐败、不想腐败，使监督成为保障执行、推动完善发展的有力武器。

派驻机构在履行职责时须遵循如下原则：第一，在党中央的集中领导下，加强从上到下的组织监督作用。第二，敢于监督与善于监督相结合，健全监督工作的常态化机制。第三，重大问题须坚持民主集中原则，在经过集体讨论后做出决议。第四，坚持职责定位，严格依据党章党规、法律法规的要求履行纪检监察职责。第五，在履行监督职责的同时，须主动接受社会各界的监督。第六，统筹衔接各项监督，一体落实监督责任与全面从严治党主体责任。

1. 组织设置

第一，派驻范围。各级党和国家机关、受委托管理公共事务的单位和组织、法律法规授权单位和组织，以及其所管辖国企、行政区域等。

以派驻方向作为标准，纪检监察派驻制度包括横向派驻、纵向派驻。(1) 横向派驻。各级监委，依法向同级党和国家机关、受委托管理公共事务的单位和组织、法律法规授权单位和组织，派出或者派驻监察专员、监察机构。(2) 纵向派驻。各级监委，依法向同级党和国家机关、受委托管理公共事务的单位和组织、法律法规授权单位和组织，以及其管辖的国企、行政区域等，派出或者派驻监察专员、监察机构。省市级监委，依法向盟、地区、开发区等未设置人民代表大会的区域，派出监察专员或派驻监察机构。县级监委，依据法律可以向乡镇、街道等区域，派出监察专员或派驻监察机构。

以派驻级别为标准，纪检监察派驻制度包括中央派驻、地方派驻。(1) 中央派驻。中央纪委国家监委，依法向中央一级党和国家机关、受委托管理公共事务的单位和组织、法律法规授权单位和组织等，派驻纪检监察机构。(2) 地方派驻。地方各级纪委监委，依法向同级党和国家机关、受委托管理公共事务的单位和组织、法律法规授权单位和组织等，派驻纪检监察机构。

第二，派驻方式。纪检监察派驻制度包括综合派驻模式与单独派驻模式。一方面，采取综合派驻模式的单位是具有较强业务联系，或需要协调各方力量进行监督的相关单位；另一方面，采取单独派驻模式的单位是直属单位较多、监督对象较多、系统规模较大的单位。

第三，派驻机构。首先，负责人。负责人只对驻在单位承担专门的监督责任，并不负责其具体业务工作。负责人不能长期固定任职，必须依据相关规定进行岗位交流与轮换。负责人须担任驻在单位的党组或党委成员。

其次，领导机构。派驻机构的领导机构，是由正副职负责人组成的组务会。组务会会议内容如下：对党中央决策部署、中央纪委国家监委工作部署、派出机关工作安排进行贯彻落实，对所辖纪检监察工作的重要事项与问题进行讨论研究，并依据职权范围讨论、做出党纪处分、政务处分。派驻机构需要完善相关会议制度与相应议事决策机制，具体包括组务会会议、组长办公会议、专题会议等。

再次，内设机构及其运行。派驻机构须依据信访、监督、调查、处置、监督相互协调制约，并结合实际配置人员分工、设置内设机构。

最后，内部机制。派驻机构须加强对驻在单位内设纪检机构及其下属单位的纪检机构的业务指导、监督检查，以充分履职、队伍建设、业务培训等为重点开展纪检工作。驻在采取垂直领导体制的单位、采取双重领导上级为主的与金融国企的派驻机构，须对驻在单位下属单位的纪检监察机构进行业务指导、监督检查，层层落实监督责任。下属单位的纪检工作须主要接受派驻机构的领导，案件的线索处置与查办既要向纪检监察派驻机构报告，又要向同级党组或党委报告。

2. 领导体制

第一，垂直管理体制。纪检监察派出机关直接领导派驻机构，并统一对其管理，派驻机构是派出机关的重要组成部分。派驻机构须对派出的监委会负责，并接受派出机关的监督与领导。中央纪委国家监委必须全面加强对派驻机构的领导，表现为指导、管理、服务与保障。中央纪委国家监委建立派驻工作领导体制，由中央纪委常委会统一领导、中央纪委国家监委统一管理，中央纪委副书记、国家监委副主任分管，相关职能部门分工协调。①

第二，分工机制。首先，纪检监察派出机关具体负责领导，必须定期召集派驻机构负责人召开会议，并经常与派驻机构负责人研究工作相关问题。其次，纪检监察派驻机构必须定期向派出的纪检监察派出机关汇报派驻监督情况。再次，各级党委必须强化对派驻工作的领导，对干部、机构、保障等机制进行完善，并听取同级纪委监委关于派驻相关工作汇报。最后，驻在单位必须对派驻机构的

① 参见《中共中央关于深化中央纪委国家监委派驻机构改革的意见》（2018年10月21日）。

工作给予支持和配合，主动将重要问题、重要情况通报派驻机构，并依据派驻工作要求提供相关的资料，保障派驻机构开展工作。

第三，派出机关与派驻机构的联系机制。派驻机构如果在派驻监督的过程中发现驻在单位领导、领导班子重要问题、重要事项，必须及时报告派出机关，严格执行报告制度。派驻机构必须对驻在单位领导、领导班子坚持党的领导、履行全面从严治党主体责任情况、加强党的建设、党风廉政状况进行日常研究分析，以专题报告形式每年提交派出机关。

派出机关各部门依据各自职责，加强对派驻机构的联系、指导、保障与服务。首先，派出机关的监督检查部门负责协助分管领导，与派驻机构进行日常联系工作，具体如下：（1）对派驻机构的工作进行指导和监督；（2）督促派驻机构处理派出机关交办的重要事项与重要案件；（3）对派驻机构提请需要协调与支持的重大问题进行处理；（4）审核派驻机构向其请示报告的事项与问题；（5）将驻在单位领导、领导班子、驻在单位上级党委管理的人员的谈话提醒、责令检查、批评教育、诫勉谈话等情况，以及一般问题，及时通报派驻机构。（6）负责其他工作的联系和协调。

其次，派驻机构所管辖的重大、复杂案件，在经过批准之后，派出机关监督检查部门、审查调查部门可以直接办理，或者组织、指挥派驻机构进行办理。

再次，派出机关的有关部门与派驻机构共同进行如下的监督工作：（1）对于驻在单位落实党中央决策部署进行专项检查；（2）对权力寻租、违规从业等系统性、行业性廉洁风险进行专题调查研究，在查找分析原因的基础上向驻在单位提出意见或建议，并督促开展专项治理；（3）对驻在单位的政治生态进行分析，并提高监督的精准性与针对性；（4）促进驻在单位对纪检监察建议的贯彻落实；（5）支持配合对派出机关的同级党委巡视巡察工作予以支持与配合，并监督整改情况；（6）其他需要共同完成的监督工作。

派出机关有关部门，对地方纪委监委与派驻机构共同开展以下工作进行协调与指导：（1）面对有关领域与系统存在的突出问题，进行旨在解决问题的专项监督与专项检查；（2）就驻在单位监督对象涉嫌违纪与职务违法、职务犯罪的案件，协商决定其管辖问题，或由派驻机构报请派出机关指定具体地方纪委监委管辖；（3）驻在单位监督对象涉嫌违纪和职务违法、职务犯罪案件需要联合审查调查；（4）在采取监督检查、审查调查措施方面进行合作；（5）其他需要合作完成的工作。

派出机关相关部门，对各派驻机构合作配合开展以下工作进行指导与组织：（1）共同开展案件的审理、复议、复查、复审工作；（2）针对相互关联、普遍存在问题进行专项监督；（3）联合审查调查重大、复杂案件；（4）交叉检查或联合检查派驻机构对派出机关部署的重要工作的贯彻落实情况；（5）共同开展培训、调研；（6）其他需要合作配合开展的情况。

最后，各级纪委监委派出的机关纪检监察工作委员会，依规对派驻机构审查调查案件进行审理，就案件审理情况定期向派出机关进行汇报。机关纪监工作委员会，必须加强与派驻机构的协调沟通，协同指导本级党和国家机关纪委的执纪审查工作。机关纪检监察工作委员会在派出机关的领导下，完善案件质量评查机制，并及时将评查结果向派驻机构反馈。

3．工作职责

纪检监察派驻机构履行监督执纪问责、监督调查处置职责。派驻机构既要依据党章和党内法规履行监督、执纪、问责职责，又要依据宪法和监察法履行监督、调查、处置职责，对行使公权力的公职人员进行监督全覆盖。

第一，纪检职责。派驻机构是党内监督专责机关，履行监督执纪问责职责。须加强对驻在单位的党组织、党员遵守党章党规党纪、贯彻执行党的路线方针政策情况进行监督检查。在履行纪律检查相关职责时须注意下列问题：（1）坚持和加强党的领导。须强化政治监督，把党的领导贯穿工作全过程，敦促驻在单位全面贯彻党的理论路线方针政策、党中央决策部署。（2）纪律检查工作实行双重领导体制。其中，线索处置情况既要向同级党委报告也要向上级纪委报告；执纪审查情况既要向同级党委报告也要向上级纪委报告，但以上级纪委领导为主。（3）重点监督同级党委特别是常委会委员、党的工作部门、直接领导的党组织与领导干部，加强对其行使权力、履行职责情况的监督。（4）加强派出纪委对派驻纪检机构的领导。派驻纪检机构如果发现驻在单位党委主要领导干部存在问题，可以直接向派出纪委报告。

第二，监察职责。派驻监察机构，或者派出的监察专员，依据派出机关授权与管理权限依法对派驻的监督单位、区域等的公权力机关及其人员进行监督，对职务违法、职务犯罪行为进行调查、处置。派驻监察机构、监察专员可依规定，与地方监察机关共同对重大职务违法行为、职务犯罪行为进行调查，也可以直接移交地方监察机关进行调查。派驻监察机构、监察专员如果发现监察对象涉嫌职务犯罪线索，但其没有被派出机关授予职务犯罪调查权时，必须及时报告派出机关。由派出机关调查，或者由其依法移交相关地方监委调查。

派驻机构的具体职责，包括监督职责、协助职责、受理控告职责、调查职责、处置职责、国际反腐败合作职责。

第一，监督职责。纪检监察派驻机构以监督职责作为第一职责，以驻在单位党组织为重点监督对象，以贯彻落实党的路线方针政策和决议、遵守党章党规党纪和宪法法律等为重点检查内容，从而确保党中央政令畅通。[①]

派驻机构紧紧围绕监督首要职责，依据驻在单位实际，以下列情况作为重点进行监督检查：（1）践行党的性质宗旨情况，对党忠诚；（2）贯彻党的理论路线方针政策、落实党中央决策部署、践行“两个维护”情况；（3）贯彻落实民主集中制、依规依法履职用权、廉洁自律等情况；（4）加强党风廉政建设和反腐败工作情况、落实全面从严治党主体责任。

派驻机构以下列对象作为重点：（1）驻在单位的领导、领导班子，特别是主要负责人；（2）驻在单位的党组或党委管理的领导、

① 参见《中共中央关于深化中央纪委国家监委派驻机构改革的意见》（2018年10月21日）。

领导班子；(3) 驻在单位中接受上级党委管理的其他人员；(4) 其他列入重点监督对象的驻在单位人员。

纪检监察派驻机构须以深入群众与深入实际的方式进行日常监督，具体的监督方式如下：(1) 沟通交流。加强与驻在单位的机关党委、巡视巡察、财务审计、法规法务、组织人事等部门的联系，如果发现问题可及时与其进行沟通或者向其通报。(2) 谈心谈话。通过扩展谈话范围，加强与群众、党员等谈心谈话，汇总对监督对象的评价与反映。如果发现监督对象存在倾向问题时，可进行谈话提醒与批评教育。(3) 参加会议。出席或列席驻在单位的领导班子会议等重要会议，对驻在单位对党中央决策部署、上级党组织决定、“三重一大”决策制度的贯彻执行情况，以及领导班子成员的态度和意见进行了解，依据相关规定及时汇报派出机关。(4) 查阅资料。为了了解核实相关情况，可以依据相关规定查阅、复制驻在单位相关资料、文件、数据等材料。(5) 听取汇报。在履行管党治党责任情况方面，听取驻在单位的党组或党委管理的领导、领导班子的报告。如果发现责任落实不到位时，须及时提醒并督促改正。(6) 实地调研。通过对驻点单位的调查与实地核查，准确找出驻点单位中存在的突出问题，并及时进行研判并总结。(7) 廉政建档。对驻在单位党组或党委管理的领导干部，建立廉政档案，并根据情况实时动态更新。(8) 分析研判。对于党风廉政、信访举报等涉及的问题与情况，须及时进行研究分析。如果存在共同、代表问题需向驻在单位提出建议或意见。(9) 其他方式。

第二，协助职责。驻在单位承担全面从严治党主体责任，派驻机构仅须承担支持与督促落实的辅助责任。派驻机构是纪检监察派出机关的组成部分，与驻在单位之间是监督与被监督的关系，无须承担驻在单位的主体责任相关工作。[①] 派驻机构可通过建立联合监督、联合排查、情况通报、定期会商等机制，协助驻在单位开展内

① 参见中央纪委国家监委研究室编：《中国共产党党风廉政建设百年纪事》，中国方正出版社2021年版，第462页；《中央纪委国家监委派驻机构改革方案》(2018年6月2日)。

部纪检、监察工作，以协同监督的方式助力驻在单位工作。[①]

首先，与驻在单位的沟通交流。涉及驻在单位的党风廉政建设和反腐败工作与全面从严治党方面，纪检监察派驻机构与驻在单位党组或党委定期召开专题会议进行研究，派出机关监督检查部门可以依据实际情况派人参加会议。涉及驻在单位的政治生态、廉洁风险、作风建设等方面，派驻机构负责人须与驻在单位党组或党委负责人经常交换意见并提出建议或意见，督促加强相关制度建设。

其次，向驻在单位通报情况。关于驻在单位各部门、领导干部遵守党章党规党纪、廉洁自律等情况，派驻机构必须及时向驻在单位分管领导进行通报，督促做好分管的党风廉政建设工作，从而推动领导贯彻落实“一岗双责”的基本要求。

再次，协助进行廉政教育。在驻在单位的党委或党组开展党风廉政建设、全面从严治党和反腐败工作时，纪检监察派驻机构可以结合派驻监督的具体工作，协助其进行警示教育、纪法教育、廉洁文化教育，引导党员、监察对象加强自律修养。

最后，协助进行内部巡视巡察。在驻在单位开展内部巡视巡察时，在通报相关问题、处置问题线索、检查整改落实情况等工作时，纪检监察派驻机构可以依据具体情况提供协助。

第三，受理控告职责。对于驻在单位的党组织、党员、监察对象的检举与控告，纪检监察派驻机构接受并依据相关规定进行处理。另外，派驻机构接受并依据相关规定处理下列申诉：首先，党组织、党员不服派驻机构所做决定提出的申诉；其次，监察对象不服派驻机构所做决定提出的复审申请；最后，被调查人及近亲属认为派驻机构及其工作人员侵害了被调查人合法权益提出的申诉。由驻在单位做出处理决定，但是经由派驻机构立案、审查、调查的案件，如果收到申诉或复核申请，驻在单位须在派驻机构协助下依据相关规定做好后续处理工作。

第四，调查职责。派驻机构在派出机关的授权下可依法调查驻

① 参见《中共中央关于深化中央纪委国家监委派驻机构改革的意见》（2018年10月21日）。

在单位监督对象涉嫌职务违法、职务犯罪的案件。涉及驻在单位领导、领导班子等涉嫌违纪、职务违法、职务犯罪的问题线索，经派出机关同意后，纪检监察派驻机构可以参与派出机关的初步核实、审查调查工作。

纪检监察派驻机构负责审查驻在单位的党委或党组直接领导的党组织、驻在单位党委或党组管理的领导班子成员以及其他重点监督对象涉嫌违犯党纪的案件。必要时，派驻机构可以审查驻在单位党委或党组管理的其他党组织、党员涉嫌违犯党纪的案件。

第五，处理职责。依据具体的管理权限，派驻机构对违纪违法的驻在单位的监督对象进行处理，对不正确履职或者不履职的党组织、领导干部进行问责。

第六，反腐败国际合作职责。在国家监察委员会领导下，纪检监察派驻机构对驻在单位的反腐败涉外案件进行督促指导与统筹协调。具体如下：（1）依据管辖权限、或派出机关的指定管辖，办理涉外案件；（2）依据派出机关的反腐败国际追逃追赃与防逃工作部署，制定计划并予以执行；（3）依据派出机关的要求，对其他监察机关开展的涉外案件进行协助与配合；（4）对辖区内职务犯罪的追逃追赃、外逃案件信息进行汇总与通报；（5）承担辖区内其他与反腐败国际案件有关的职责。

国家监察委员会派驻监察机构，或者派出的监察专员，在处理涉外案件中的涉及执法司法的国际合作事项时，必须逐级报送国家监委审批。由国家监委依法协调相关单位或直接与该国家相关机构进行沟通，最终以共同认可的方式执行相关执法司法的国际合作。

如果涉及监察对象失踪、出逃、出走，或将其违法所得等其他涉案财产转移至境外时，国家监察委员会派驻的监察机构，或者派出的监察专员发现的，应在二十四小时之内将相关信息逐级上报至国家监委的国际合作局，并迅速开展工作。

4. 履职程序

第一，管辖。管理权限在其主管机关、隶属地方工作单位的公职人员，如存在职务违法或犯罪的嫌疑，通常由其主管机关、有管辖权的派驻机构进行管辖。派驻机构经协商，可依据相关规定与公职人员所在地的地方监委联合调查，或直接将案件移交给地方监察委员会。地方监委在工作中，如发现与上述公职人员相关问题线索，应当及时通报有管辖权的监察机构、监察专员、驻在部门，并互相协商以确定管辖。地方监委可以管辖其他公职人员涉嫌职务违法、犯罪的案件。地方监委在调查案件时，应当将该案件重要情况，及时通报向驻在单位的派驻机构。

第二，线索受理、调查与处置。涉嫌违纪、职务违法、职务犯罪的问题线索，应由纪检监察派驻机构专门人员进行管理并形成台账。纪检监察派驻机构须指定专人负责管理，排序保持并建立台账。在常态化监督了解的情况下，派驻机构应研究分析问题线索，采取初步核实、谈话函询、暂存待查、予以了结等方式处理。派驻机构应当在接到问题线索之日起一个月内，经主要负责人审批后提出处置意见，并依规定报请派出机关备案。

第三，立案。派驻机构在经初步核实后，如认为确需立案审查调查时，必须报请主要负责人审批。如涉及驻在单位党委或党组直接领导的党组织、党委或党组管理的领导班子成员中的正职领导干部立案，或副职领导干部涉嫌严重职务违法、犯罪立案的，必须报请派出机关审批。派驻机构必须在征求驻在单位党委或党组负责人意见后，方能立案。如果意见相左则报请派出机关予以决定。经过派出机关的同意之后，确实由于安全、保密等特殊原因也可先行立案，但在立案后必须向驻在单位党委或党组负责人通报。

第四，审查调查。纪检监察派驻机构依据规定报批后，可以依规、依纪、依法采取谈话、询问、讯问、留置、冻结、查询、搜查、查封、调取、扣押、勘验检查、鉴定措施。对于没有执行权的措施，经派出机关同意后，须以派出机关名义移交相关执行机关。派驻机构必须严格监督与管理审查调查措施并建立台账，须定期将相关情况报请派出机关相关部门备案。

第五，处分。在纪检监察派驻机构完成审查调查工作之后，必须依照规定展开审理工作，并提出党纪处分建议或政务处分决定或建议，并向驻在单位进行通报。首先，驻在单位党委或党组依据相应权限和程序，对违纪的党员、党组织做出纪律处理决定、党纪处分决定。其次，派驻机构依据相应管理权限，对违法的监察对象依法做出政务处分决定；向驻在单位提出处分建议的，具体由驻在单位依法依规作出决定。驻在单位党委或党组的意见，如果与派驻机构提出的处理处分建议相左，且互相无法达成一致时，由派驻机构报请派出机关研究决定。

第六，问责。纪检监察派驻机构，如果发现驻在单位的党委或党组所管理的党组织、领导干部因失职失责导致恶劣影响或严重后果，确需问责调查的，须经派驻机构负责人同意后方可启动调查程序。派驻机构必须依规依纪依法开展调查，查清失职失责问题，依据相应权限做出问责决定，或向有权组织提出问责建议。如采取改组方式对党组织问责，必须按照党章、党内法规规定的权限与程序执行。如采取党纪政务处分方式对领导干部问责的情形，必须依据规则予以办理。

第七，移送审查起诉。对于监察对象涉嫌职务犯罪案件，纪检监察派驻机构经过集体讨论后，认为犯罪事实清楚、证据确实充分、需要追究刑事责任的，须依法依规移交人民检察院审查起诉。国家监察委员会派驻的监察机构、派出的监察专员调查的职务犯罪案件，应当依法移送至省级人民检察院审查起诉。派驻的监察机构、或派出的监察专员调查的职务犯罪案件，如果涉及指定起诉、审判管辖时，必须报请派出机关办理指定管辖的手续。

第八，纪检监察建议。驻在单位如果在贯彻党中央决策部署、开展党风廉政建设、落实全面从严治党主体责任存在问题的，派驻机构必须提出纪检监察建议。如果在决策机制、制度执行、监督管理等方面存在问题的，派驻机构必须提出纪检监察建议。派驻机构必须加强监督驻在单位问题的整改情况，督促进行限期整改与反馈，推动落实纪检监察建议。

5. 干部管理

各级监委派驻、或派出到各级党和国家机关、委托管理公共事务的组织和单位、法律法规授权组织和单位，以及其所管辖国有企业、行政区域等的监察机构中的监察人员、监察专员，都属于监察官。

第一，基本条件。纪检监察派驻机构干部要忠诚干净担当，忠于职守。要加强思想与政治的历练，提升思想政治素质。要履职尽责，坚持理论联系实践，提升专业化能力。要敢于善于斗争，增强法治意识、程序意识、证据意识。

首先，派驻机构干部，必须同时具备如下条件：（1）中华人民共和国公民；（2）坚持中国共产党领导与社会主义制度，对宪法忠诚；（3）熟悉相关法律、法规与政策，具备履行相应职责的专业能力与知识；（4）能够胜任工作的心理素质与身体条件；（5）政治素质良好、道德品行端正、廉洁奉公；（6）具有普通高等院校学士学位或以上学位；（7）法定的其他条件。

其次，不能担任纪检监察派驻机构监察官的情形，具体如下：（1）曾被中国共产党开除党籍、留党察看或撤销党内职务者；（2）曾经被法院依法免除刑事处罚者或被检察院决定不予起诉者（犯罪情节轻微），或因为犯罪受过刑事处罚；（3）被开除公职或者撤职者；（4）其配偶已经移居国外，或虽无配偶但其子女都已经移居国外移民国外；（5）依法被列为失信联合惩戒对象者；（6）其他法定情形。

再次，纪检监察派驻机构的监察官，坚持五湖四海、任人唯贤，坚持政治标准、注重实绩，坚持德才兼备、以德为先，坚持公道正派、事业为上。监察人员的选拔一般采用考核、考试的方式，具体依据法律、国家相关规定采取公开考试、严格考察、平等竞争、择优录取。派出机关可依据法律规定，并依据工作的实际需要，一方面从党与国家机关、国企、事业单位的管理人员中，遴选出符合要求者，担任纪检监察派驻机构的监察人员。另一方面从与监察职能相关或相近的教学、研究或者其他职业的人员中，筛选出符合要求的人员，聘任其担任纪检监察派驻机构的监察人员。同一派驻机构、派出机构监察人员不得存在直系与三代以内旁系血亲关系、夫妻以及近姻亲关系。

最后，纪检监察派驻机构的监察人员必须满足下列要求：（1）须坚决维护宪法与法律的尊严权威，以事实为根据，以法律为准绳，客观公平公正履职，保障当事人合法权益；（2）须担当尽责、忠诚坚定、清正廉洁，成为作风优良、严格自律、拒腐防变的模范；（3）须严格依据法定职权履职，具备程序意识，遵循民主集中制，重大事项集体研究决定。

第二，派驻机构监察人员的职责、义务与权利。监察人员依法履行下列职责：（1）监督检查公职人员廉洁从政从业、秉公用权、依法履职以及道德操守情况；（2）依据派出机关授权调查职务违法、职务犯罪案件；（3）依据监督与调查结果，对相应事项提出处置意见；（4）对公职人员进行廉政教育；（5）在国际合作层面履行法定的反腐败职责；（6）其他法定职责。纪检监察派驻机构监察人员，依法独立行使监察权，不受任何行政机关、社会团体和个人干涉。

另外，禁止纪检监察派驻机构监察人员兼职，不得兼任人大常委会的组成人员、行政机关、检察机关、审判机关的职务，亦不得兼任事业单位、企业、营利性组织的职务，亦不得兼任执业律师、公证员、仲裁员、人民监督员、人民陪审员。派驻机构监察人员如果确实由于工作需要必须兼职的情形，必须在依据管理权限获得批准之后兼任，但不得收取兼职报酬。

派驻机构的监察人员，在履行职责时如果出现下列情形之一者，必须主动回避。监察对象、控告人、检举人及相关人员亦可申请其回避。（1）控告人、检举人、监察对象的近亲属；（2）与监察事项存在利害关系的本人或其近亲属；（3）本案证人；（4）存在影响监察事项公正处理风险的其他情形。

派驻机构监察人员，依据法律规定履行下列义务：（1）坚持党的领导，严格执行党和国家的路线方针政策及重大决策部署；（2）模范遵守宪法与法律；（3）坚决同腐败现象作斗争，勇于监督、敢于监督，维护国家与人民利益；（4）尽职尽责，全面提升工作效率与质量；（5）模范遵守职业道德、家庭美德、社会公德；（6）保守国家秘密、监察秘密、商业秘密，并保护个人隐私；（7）依法保障监察对象及相关人员的合法权益；（8）自觉接受各种监督；（9）其他法定义务。

派驻机构监察人员，依据法律规定享有如下权利：（1）与职责相当的职权、工作条件；（2）与职责相当的福利待遇、职业保障；（3）申诉或控告；（4）依法保障其人身、财产和住所安全；（5）公务员享有的其他法定权利。

第三，派驻机构监察人员的任免。派出机关必须严格把控派驻机构监察人员的准入标准。依据干部管理权限统一安排派出机关、派驻机构监察人员的选拔任用、考核培训、人员交流、监督管理，系统安排派驻机构监察人员参与派出机关工作并进行锻炼培养。监察人员就职时必须依据法律规定进行宪法宣誓。

纪检监察派驻机构的监察人员存在如下情形之一的必须免职：（1）丧失国籍；（2）退休；（3）职务变动无需保留；（4）辞职或辞退；（5）因违纪违法被开除或调离；（6）其他法定情形。派驻机构的监察人员存在法定辞退情形时，必须依据管理权限予以决定，并依照法定程序免除其职务，同时须以书面形式通知该监察人员，并列明依据与理由。监察人员可由本人书面申请辞职，须依据管理权限予以批准后，再照法定程序免除其职务。

第四，纪检监察派驻机构监察人员的管理。监察官的等级分为四档十三级，从低到高依次为：（1）监察官：六级、五级、四级、三级、二级、一级；（2）高级监察官：四级、三级、二级、一级；（3）副总监察官：二级、一级；（4）总监察官。纪检监察派驻机构监察人员，在职务职级的基础上依据业务、表现、年限、实绩等确定等级。监察人员采取择优与按期相结合的方式进行等级晋升，做出特别贡献或特别优秀者从优。

纪检监察派驻机构须对初任的监察人员进行职前培训。派驻机构对所有监察人员进行政治、理论和业务培训。培训突出政治机关特色，坚持理论联系实际，全面提升监察专业能力。培训情况作为监察人员考核、任职、晋升的依据之一。纪检监察派驻机构监察人员依照法律和国家有关规定实行任职交流。

第五，纪检监察派驻机构监察人员的考核和奖励。纪检监察派出机关须每年组织派驻机构主要负责人进行年度述廉述责，并依据驻在单位的特点对派驻机构进行考核。派出机关对派驻机构监察人员的考核，应当客观、全面、公正，年度、专项与平时考核相结合，并须听取驻在单位的领导班子等的意见。派出机关全面考核派驻机构监察人员的德、能、勤、绩、廉，以政治素质、廉洁自律和工作实绩情况为重点考核内容。监察人员的年度考核结果须以书面形式通知监察人员，分为优秀、称职、基本称职和不称职等次，以此作为调整监察人员的工资、等级、奖惩等的依据。监察人员如对考核结果有异议可申请复核。

派驻机构监察人员如在工作中做出如下突出贡献或显著成绩的，应给予奖励：（1）履行监督、调查、处置职责时，做出突出贡献或显著成绩的；（2）对防范、化解重大风险提出了重要的监察建议；（3）在总结监察实践经验成果、研究监察理论方面突出显著，有利于指导监察工作；（4）其他贡献。

第六，派驻机构监察人员的监督和惩戒。派出机关对派驻机构监察人员建立监督机制，规范工作流程，严格约束权力，加强对监察人员和遵守法律、执行职务的监督。监察人员必须自觉接受组织、民主、社会与舆论监督。

任何个人和单位，有权检举、控告纪检监察派驻机构的监察人员的违纪违法行为。任何人不得打击报复依法进行检举、控告的个人和单位。接受检举、控告的机关必须及时调查处理，并将处理结果告知检举控告人。监察机关必须及时调查处理检察机关、审判机关、执法部门等移送的派驻机构监察人员涉嫌违纪违法履职的问题线索。

纪检监察派驻机构的监察人员不得过问案件、打听案情、说情干预。如监察人员在工作过程中遇到上述情形，必须及时向上级进行汇报，并进行登记备案。监察人员在办理监察事项的过程中，未经批准不得与涉案人员、被调查人及其他利害关系人进行接触，或与其交往。知悉上述情形的监察人员必须及时向上级进行汇报，并进行登记备案。

纪检监察派驻机构的监察人员不得私自查阅、留存、隐匿、摘抄、携带、复制问题线索与涉案资料，必须严格执行保密制度，不得泄露监察工作秘密。监察人员在离开岗位或离开职务时，必须遵守脱密管理的相关规定，并严格履行其保密义务。

纪检监察派驻机构的监察人员，必须依据规定遵守有关领导干部配偶、子女及其配偶经商行为的要求。监察人员的父母、配偶、子女及其配偶，均不得作为律师担任其派驻机构涉及案件的辩护人、诉讼代理人，或提供其他有偿的法律服务。

纪检监察派驻机构的监察人员服从竞业禁止相关要求，在离职三年之内，不得从事可能发生利益冲突的相关工作。监察人员离职之后，不得担任原来派驻机构涉及案件的辩护人、诉讼代理人，但可作为当事人的近亲属、监护人代理诉讼、进行辩护。被开除的监察人员，不得担任辩护人、诉讼代理人，但可为其近亲属、监护人进行辩护、代理诉讼。

纪检监察派驻机构的监察人员存在下列情形之一必须依法予以处理：（1）不正确履行或不履行监督职责，导致未能及时发现问题，或进行瞒报、不处置，影响恶劣；（2）在没有获得批准、授权的情况下擅自处置问题线索，或者发现重大案情进行瞒报，或对涉案材料私自留存、处理；（3）贪污贿赂；（4）利用职务之便，对调查工作进行干预、谋取私利；（5）泄露举报受理情况、举报事项以及举报人信息，或者窃取、泄露调查工作信息；（6）侮辱、虐待、打骂、体罚、变相体罚被调查人、涉案人员，或者对其进行诱供、逼供；（7）隐匿、变造、伪造、故意损毁案件材料、证据；（8）违规导致办案安全事故，或事后进行瞒报、不实报告、处置不当；（9）违规处置涉案财物、或采取调查措施；（10）其他职务违法犯罪行为。上述情形如果构成犯罪，必须依法追究刑事责任。监察人员存在其他违纪违法行为，损害国家和人民利益的，影响监察官队伍形象，必须依法追究其责任。监察人员如果因为涉嫌违纪违法，已被立案审查、调查、侦查且不适合继续执行职务的，应当依据法定程序暂停执行职务。

纪检监察派驻机构的监察人员如果因为失职失责、滥用职权造成严重后果，必须对其进行问责或终身追责。监察人员如果因为涉嫌严重职务违法、犯罪或出现重大失误，必须追究直接责任人、责任领导人的相应责任。

第七，纪检监察派驻机构的监察人员的职业保障。禁止任何单位、个人对监察人员及其近亲属进行打击报复，法律保障纪检监察派驻机构监察人员的职业尊严、人身安全。对于威胁恐吓、报复陷害、暴力侵害监察人员、近亲属等违法犯罪行为，依法从严惩治。如果监察人员在依法执行职务过程中，遭受不实举报、侮辱诽谤、诬告陷害导致损害名誉时，监察机构与相关部门须依法追究相关单位或者个人的责任，并及时澄清事实、消除不良影响。如果监察人员因为依法履职，致使威胁本人、近亲属的人身安全时，监察机关、公安机关须采取人身保护令等保护措施。

任何单位或者个人不得干涉纪检监察派驻机构的监察人员履行职务。监察人员有权拒绝任何干涉其依法履职的行为，全面如实记录并汇报。如果存在违纪违法情形，相关机关须依据情节轻重追究相关人员责任。

在下列情形下可将派驻机构的监察人员进行调离：（1）因编制、机构变更调整工作；（2）依规任职交流；（3）依规任职回避；（4）存在违纪违法情形，不再适合继续从事监察工作；（5）其他法定情形。

纪检监察派驻机构的监察人员，依据规定与等级，享受津贴、奖金、保险等福利待遇。病故或因公牺牲的监察人员，其亲属依规享受优待和抚恤。监察人员退休后依规享受养老金等其他待遇。

纪检监察派驻机构的监察人员在遇到国家机关及其工作人员侵犯其权利时，有权提出控告。受理机关必须依据法律进行调查处理，并将处理结果及时告知监察人员。监察人员如果不服其处分、政务处分、人事处理时，可以依据法定程序申请复审、复核，并提出申诉。处分、政务处分、人事处理确有错误时，相关机关必须及时纠正。损害名誉时则必须恢复名誉、赔礼道歉、消除影响。已造成经济损失时必须予以赔偿。

6. 对纪检监察派驻机构的监督

纪检监察派驻机构必须坚持自我革命的勇气，严于律己，加强自我约束、自我管理，自觉养成监督者必须自觉接受监督的意识，不断提高自我抵抗力，从根本上防止“灯下黑”现象。

纪检监察派驻机构既接受内部监督，也接受外部监督。第一，派驻机构设置专门机构或人员，及时收集各种意见；负责对纪检监察干部进行日常管理与监督；经常检查权力运行的关键环节；对相关检举控告进行认真核查，并依据规定向派出机关干部监督部门及时汇报处置情况；第二，派驻机构必须接受派出机关的管理监督、派出机关同级党委巡视巡察监督，整改落实相关监督意见，并及时进行汇总；第三，派驻机构必须接受驻在单位的党员、干部和群众的监督，听取驻在单位的建议与意见，认真研究处理，并向驻在单位进行及时反馈。

纪检监察派驻机构实行干部责任制。第一，派驻机构监察人员，如果存在报告不及时或隐瞒报告、泄露工作秘密、用工作谋求私人利益、滥用职权以及其他违规违纪违法行为，必须依规依纪依法严肃处理。如已经构成犯罪，必须依法追究刑事责任。第二，派驻机构监察人员如果存在不正确履职、不履职导致未能发现问题或瞒报不处置，且已经造成严重后果或者影响恶劣，必须严肃追究责任。

7. 衔接制度

派驻机构加强内部衔接制度建设。促进派驻机构与纪检监察机关内设机构衔接职能，完善“室组”联动、“室组地”共同办理案件的机制，以形成监督合力，提升监督执纪执法协同性。同时加强对驻在单位纪检监察工作的指导，促进制度化建设。①

派驻机构注重外部衔接制度建设。第一，加强派出机关监督的协助引导推动功能，健全线索移交、措施使用、信息沟通、成果共享等工作机制，推动纪律、监察、派驻、巡视监督协调衔接。第二，促进党内监督与人大、民主、司法、行政、审计、统计、财会、群众、舆论监督贯通融合。第三，健全派驻机构与地方纪委监委协作机制。②

三、重点改革领域

1. 纪检监察派驻重点监督行业：国企与高校

自2018年起，中央纪委国家监委分类推进纪检监察派驻改革，选择国有企业、高等学校作为重点监督行业。③ 中央纪委国家监委分类施策推进中管企业、中管金融企业，以及接受中央管理的党委书记、校长所在的高校纪检监察体制改革。④ 中央纪委国家监委、

① 参见赵乐际：《忠实履行党章和宪法赋予的职责　努力实现新时代纪检监察工作高质量发展——在中国共产党第十九届中央纪律检查委员会第三次全体会议上的工作报告》（2019年1月11日），载《中国纪检监察》2019年第4期；赵乐际：《推动新时代纪检监察工作高质量发展　以优异成绩庆祝中国共产党成立100周年——在中国共产党第十九届中央纪律检查委员会第五次全体会议上的工作报告》（2021年1月22日），载《中国纪检监察》2021年第7期；赵乐际：《运用党的百年奋斗历史经验推动纪检监察工作高质量发展　迎接党的二十大胜利召开——在中国共产党第十九届中央纪律检查委员会第六次全体会议上的工作报告》（2022年1月18日），载《中国纪检监察》2022年第5期。

② 参见赵乐际：《坚持和完善党和国家监督体系　为全面建成小康社会提供坚强保障——在中国共产党第十九届中央纪律检查委员会第四次全体会议上的工作报告》（2020年1月13日），载《中国纪检监察》2020年第5期；赵乐际：《推动新时代纪检监察工作高质量发展　以优异成绩庆祝中国共产党成立100周年——在中国共产党第十九届中央纪律检查委员会第五次全体会议上的工作报告》（2021年1月22日），载《中国纪检监察》2021年第7期。

③ 参见赵乐际：《忠实履行党章和宪法赋予的职责　努力实现新时代纪检监察工作高质量发展——在中国共产党第十九届中央纪律检查委员会第三次全体会议上的工作报告》（2019年1月11日），载《中国纪检监察》2019年第4期；赵乐际：《坚持和完善党和国家监督体系　为全面建成小康社会提供坚强保障——在中国共产党第十九届中央纪律检查委员会第四次全体会议上的工作报告》（2020年1月13日），载《中国纪检监察》2020年第5期；赵乐际：《推动新时代纪检监察工作高质量发展　以优异成绩庆祝中国共产党成立100周年——在中国共产党第十九届中央纪律检查委员会第五次全体会议上的工作报告》（2021年1月22日），载《中国纪检监察》2021年第7期；赵乐际：《运用党的百年奋斗历史经验推动纪检监察工作高质量发展　迎接党的二十大胜利召开——在中国共产党第十九届中央纪律检查委员会第六次全体会议上的工作报告》（2022年1月18日），载《中国纪检监察》2022年第5期。

④ 参见《中共中央关于深化中央纪委国家监委派驻机构改革的意见》（2018年10月21日）。

地方各级纪委监委，依据规定向普通高校、国企等派驻纪检监察组，或者依法派驻监察机构或监察专员，与驻在单位的纪检机构合署办公。纪检监察派出机关加强对普通高校、国企等派驻机构工作指导，派驻教育行政部门、国有资产监管机构等的纪检监察组依据规定予以协助，从而形成监督合力。省级纪委监委开展向省管高校、国有企业派驻纪检监察组的试点改革，中央纪委国家监委对其进行业务指导。[①]

第一，国有企业纪检监察派驻体制改革。针对驻在单位党委管理的领导班子所在的国企纪检机构的监督执纪工作，派驻国有资产监管机构的纪检监察组必须加强领导。与国有企业纪检机构相关信息，必须向同级党委与派驻纪检监察组汇报。

第二，中管高校纪检监察派驻体制改革。[②] 坚持党对高校的全面领导，在高校领域强化正风肃纪反腐，与中管高校领导人员管理体制、党建工作体制相适应，完善中管高校纪检监察机构的领导体制、工作职责等，以政治监督为重点履行纪检监察职责，敢于善于监督，提升监督全覆盖的实效性，构建科学规范、系统完备、运行有效的纪检监察工作体系，全面贯彻一体推进三不腐，促进中管高校纪检监察工作的高质量发展。

中央纪委国家监委在中管高校设立监察专员办公室，由高校纪委书记担任国家监委派驻的监察专员，与该校纪委合署办公。派驻机构履行党的纪检、国家监察两方面职责，具体包括自身建设、监督检查、审查调查等职责，履职方式主要包括列席会议、参加会议、督促落实主体责任、干部选拔监督、谈心谈话、查阅复制材料、问题线索处置、措施使用、提出建议、协助开展内部巡视等。派驻机构在履行职责时，如果遇到重要情况必须及时向中央纪委国

---

① 参见赵乐际：《运用党的百年奋斗历史经验推动纪检监察工作高质量发展　迎接党的二十大胜利召开——在中国共产党第十九届中央纪律检查委员会第六次全体会议上的工作报告》（2022 年 1 月 18 日），载《中国纪检监察》2022 年第 5 期。

② 王卓：《中央纪委国家监委印发〈意见〉深化中管高校纪检监察体制改革》，2022 年 1 月 23 日，载中央纪委国家监委网站，https://www.ccdi.gov.cn/toutiaon/202201/t20220123_166398.html，2023 年 1 月 18 日访问。

家监委进行汇报；在查办重要案件、处置重要问题线索时，必须及时报请中央纪委国家监委备案。

中央纪委国家监委必须加强对中管高校纪检监察工作的统一领导。高校所在地的省级纪委监委，必须加强对中管高校纪检监察工作的日常领导。所在地方纪委监委主要领导其监督检查、审查调查工作，高校纪检监察机构关于问题线索处置、案件查办的情况必须及时向所在地方纪委监委报告。派驻教育部、中国科学院、工业和信息化部的纪检监察组须协助中央纪委国家监委机关做好相关工作，对于高校存在的普遍问题加强监督检查，推动专项治理。

中管高校派驻机构履职采用如下方式：首先，工作汇报。派驻机构必须及时向派出机关汇报学校领导班子、领导的问题与重要情况、工作开展情况等。其次，共同审查调查。关于学校管理人员涉嫌职务犯罪的立案、调查、审理、政务处分、党纪处分、移送审查起诉、警示教育、安全责任等，相关地方纪委监委与高校纪检监察机构可以联合进行审查调查。再次，沟通协调。中央纪委国家监委、驻相关部门纪检监察组、高校所在地方纪委监委与中管高校派驻机构间，以及各中管高校派驻机构间，必须及时进行协调沟通。最后，支持保障工作。中央纪委国家监委、驻相关部门纪检监察组、高校所在地方纪委监委，必须对中管高校纪检监察工作提供业务培训、支持保障。

2. 地方纪检监察派驻建设

在基本完成中央一级纪检监察派驻的全覆盖改革的同时，中央纪委国家监委将重点转移至完善地方纪检监察派驻体制，强化监督职责，推动管党治党责任全面覆盖、层层传导。[①] 省级纪委监委逐步完成向省级党与国家机关全面派驻纪检监察机构，逐步完善派驻

① 参见赵乐际：《以习近平新时代中国特色社会主义思想为指导　坚定不移落实党的十九大全面从严治党战略部署——在中国共产党第十九届中央纪律检查委员会第二次全体会议上的工作报告》（2018 年 1 月 11 日），载《中国纪检监察》2018 年第 2 期。

监督体系。[1]

中央纪委国家监委于2021年5月21日召开了“深化地方派驻机构改革工作”的座谈交流会。须注意：第一，以监督全覆盖的实际效果为重点，分类施策推动派驻改革，对派驻机构的内部设置和人员配置进行优化；第二，强化以“一把手”、领导小组为重点进行监督，常态化推动政治监督的；第三，要突出重点，加强对问题的准确和高效的查找，严格按照党章党规、法律法规行使纪检和监察的双重职能，加强“四种形态”的应用，加强与各种监督的衔接和配合，使监督真正起到保障执行和促进发展的作用。[2]

地方纪检监察派驻机构改革主要集中在以下方面：第一，加强领导。中央纪委国家监委既要加强对省级纪委监委、纪检监察派驻机构的领导，又要加强对地方派驻机构改革的领导。[3] 第二，完善内部设置与人员配备。推进地方纪委监委内部的监委监督检查与审查调查部门分设，完善地方纪检监察派驻机构的人员配备与内部设置，全面提升派驻监督效能。[4] 第三，地方高校、高校改革。省级纪委监委向省管高校、国有企业派驻纪检监察机构，扩大范围进行试点改革，中央纪委国家监委对其进行指导与领导。[5] 第四，加强

① 参见赵乐际：《忠实履行党章和宪法赋予的职责　努力实现新时代纪检监察工作高质量发展——在中国共产党第十九届中央纪律检查委员会第三次全体会议上的工作报告》（2019年1月11日），载《中国纪检监察》2019年第4期。

② 参见中央纪委国家监委研究室编：《中国共产党党风廉政建设百年纪事》，中国方正出版社2021年版，第554页。

③ 参见赵乐际：《以习近平新时代中国特色社会主义思想为指导　坚定不移落实党的十九大全面从严治党战略部署——在中国共产党第十九届中央纪律检查委员会第二次全体会议上的工作报告》（2018年1月11日），载《中国纪检监察》2018年第2期；赵乐际：《坚持和完善党和国家监督体系　为全面建成小康社会提供坚强保障——在中国共产党第十九届中央纪律检查委员会第四次全体会议上的工作报告》（2020年1月13日），载《中国纪检监察》2020年第5期。

④ 参见赵乐际：《忠实履行党章和宪法赋予的职责　努力实现新时代纪检监察工作高质量发展——在中国共产党第十九届中央纪律检查委员会第三次全体会议上的工作报告》（2019年1月11日），载《中国纪检监察》2019年第4期；赵乐际：《推动新时代纪检监察工作高质量发展　以优异成绩庆祝中国共产党成立100周年——在中国共产党第十九届中央纪律检查委员会第五次全体会议上的工作报告》（2021年1月22日），载《中国纪检监察》2021年第7期。

⑤ 参见赵乐际：《运用党的百年奋斗历史经验推动纪检监察工作高质量发展　迎接党的二十大胜利召开——在中国共产党第十九届中央纪律检查委员会第六次全体会议上的工作报告》（2022年1月18日），载《中国纪检监察》2022年第5期。

基层派驻。全面整合监督力量，完善全基层派驻监督制度，提升基层监督水平，指导地方丰富完善监督向基层延伸有效途径。[①]

第三节　检察派驻机构扩充建设阶段

一、检察制度改革概况

2018年10月26日，第十三届全国人民代表大会常务委员会第六次会议修订《中华人民共和国人民检察院组织法》。这次修改对检察机关的组织设置、职权范围、外部监督、职业保障等方面进行了进一步规范与保障。

第一，规范检察机关设置依据。检察机关的设置依据原来是《人民检察院组织法》，但依据《宪法》对国家机构的设置与检察机关组织设置采取法律保留的基本规则，将检察机关的设置依据修改为宪法、法律与全国人民代表大会常务委员会的决定，并围绕宪法法律规定重新规范了检察机关的性质与定位。

第二，完善检察机关工作原则。增加了检察院设置法定原则、司法公开原则、司法公正原则、司法责任制原则、接受人民群众监督原则等基本原则。

第三，扩充职权范围。首先，指导性案例发布权。最高人民法院在原本享有对检察工作中具体应用法律问题的解释权，基于进一步在检察工作中正确适用法律与维护司法公正，赋予最高人民检察院指导性案例发布权，便于检察官进行类案参考。其次，加强对行政机关履职的监督。为了贯彻党的十八届四中全会精神，检察机关

① 参见赵乐际：《坚持和完善党和国家监督体系　为全面建成小康社会提供坚强保障——在中国共产党第十九届中央纪律检查委员会第四次全体会议上的工作报告》（2020年1月13日），载《中国纪检监察》2020年第5期；赵乐际：《推动新时代纪检监察工作高质量发展　以优异成绩庆祝中国共产党成立100周年——在中国共产党第十九届中央纪律检查委员会第五次全体会议上的工作报告》（2021年1月22日），载《中国纪检监察》2021年第7期；赵乐际：《运用党的百年奋斗历史经验推动纪检监察工作高质量发展　迎接党的二十大胜利召开——在中国共产党第十九届中央纪律检查委员会第六次全体会议上的工作报告》（2022年1月18日），载《中国纪检监察》2022年第5期。

对行政机关在行使职权时存在违法或不作为情形时，督促行政机关进行纠正。

第四，扩展外部监督。首先，增强人大监督。检察机关对产生它的人民代表大会与其常务委员会负责并报告工作，依据《宪法》中人民代表大会的政体、人民代表大会与其他国家机关的关系，明确规定各级人民代表大会及其常务委员会对本级人民检察院的工作实施监督。其次，加强人民监督员监督。人民监督员依照规定对人民检察院的办案活动实行监督，但并未限制在刑事领域，为民事、行政领域人民监督预留了监督空间。

第五，加强对检察官的职业保障。对干预检察官履行法律监督职责或干预检察权独立行使的各类情况，组织法设置了相应保障机制。任何单位或者个人不得要求检察官从事超出法定职责范围的事务，检察官对干预情况全面如实记录并进行报告，存在违法违纪情形者责任人须承担相应责任。

二、检察派驻机构扩充建设

《中华人民共和国人民检察院组织法》在第二章“人民检察院的设置和职权”扩充了检察派出机构内容，在原本“检察室”的基础上增加了“特定区域的人民检察院”，以此作为省市级人民检察院的派出机构。①

第一，派出检察院。依据检察实际需要，经最高人民检察院与省级相关部门同意，且报请本级人大常委会批准之后，省级、市级人民检察院可以在所辖区域内特定区域设立人民检察院，作为其派出机构。

第二，检察室。依据检察实际需要，人民检察院可以在看守所、监狱等场所设立检察室。检察室可以巡回检察看守所、监狱等场所，也可行使派出其的检察院的部分检察职权。经过最高人民检察院与省级相关部门同意之后，省级人民检察院方可设立检察室。经省级人民检察院与省级相关部门同意后，市级、基层人民检察院

① 参见《中华人民共和国人民检察院组织法》（2018 年修订）第十六条、第十七条。

方可设立检察室。

针对监狱场所的检察机关派驻人员相对固定，容易产生同体监督的风险，监督敏感度降低，监督独立性受阻，最高人民检察院进行了相应改革，将原有的在监狱进行派驻监督的单一模式转变为“巡回＋派驻”的结合模式。2018年6月至2019年5月，最高人民检察院在上海、山西、山东、四川、辽宁、宁夏、湖北、海南等8个省级检察机关开展对监狱巡回检察的试点工作。2019年9月，最高人民检察院将试点范围扩大至江苏、河南、黑龙江、云南4个省。截至2018年底，12个试点省份检察机关共发现问题3478个，发出纠正违法通知书、检察建议书984件，其中620件已落实整改。[①] 检察机关通过在监狱的“巡回＋派驻”检察模式，积极监督，对监狱贯彻落实刑法、刑事诉讼法、监狱法等法律规定进行全面监督，落实治本安全观，共同提升罪犯改造质量，实现监督工作的共赢。

① 参见《2018检察新作为｜深化改革：法律监督实现重塑性变革》，载最高人民检察院网站，https://www.spp.gov.cn/zdgz/201903/t20190303_410060.shtml，2023年6月25日访问。

结　语

纪检监察派驻制度的发展演变大体可分为五个阶段：(1) 行政监察派驻与党内监察派驻确立阶段（1955 年 12 月—1982 年 8 月）；(2) 行政监察派驻与党内纪检派驻恢复阶段（1982 年 9 月—1993 年 1 月）；(3) 纪检、监察派驻合署办公阶段（1993 年 2 月—2001 年 8 月）；(4) 纪检、监察派驻统一管理改革阶段（2001 年 9 月—2013 年 10 月）；(5) 纪检监察派驻全覆盖改革阶段（2013 年 11 月至今）。

第一，纪检监察派驻制度的初步探索阶段。在行政监察派驻制度领域，监察部主要以部门派驻行政监察为重点进行行政监察派驻制度的初步探索，主要体现在财经部门监察室与铁道部人民监察局，并试验了派驻县监察组的地方行政监察派驻制度；主要围绕行政监察派驻机构的领导体制、工作权限及其履职方式进行了初步探索；另外，以人民监察通讯员作为辅助制度对行政监察派驻制度进行补充。在党内监察派驻制度领域，中央监察委员会主要以中央一级的各中央局、国务院所属各部门为重点进行党内监察派驻制度的初步探索，主要围绕党内监察派驻机构的领导体制、工作权限及其履职方式、干部管理进行了初步探索。在检察派驻制度领域，人民检察院主要以工矿区、农垦区、林区等区域设置的人民检察院作为省级人民检察院、县级人民检察院的派驻机构进行了初步探索。

第二，纪检监察派驻制度的恢复重建阶段。在党内纪检派驻制度领域，中央纪律检查委员会主要以中央一级纪律检查派驻制度为重点进行党内纪检派驻制度的“恢复—撤销—重建”，并在金融系统等重点领域加强党内纪检派驻建设，主要围绕党内纪检派驻机构的组织设置、领导体制、工作权限来促进恢复重建。在行政监察派出制度领域，监察部主要以国务院所属部门为重点进行行政监察派出制度的恢复重建，主要围绕行政监察派出机构的领导体制、工作权限与干部管理来促进恢复重建。在检察派驻制度领域，人民检察院主要以乡（镇）检察室来加强人民检察院的基层工作，主要围绕乡（镇）检察室的设置、领导体制、干部配备与工作职责来推动检察派驻制度的发展。

第三，纪检监察派驻制度的合署办公改革阶段。在纪检监察派驻制度领域，中央纪委、监察部主要以中央一级纪检、监察派驻机构为重点进行合署办公改革，主要围绕纪检、监察派驻机构的组织调整、人员转隶、干部配备管理推动合署办公改革，以在加快改革开放和现代化建设新形势下进一步加强党的纪律检查工作和强化行政监察机关职能，充分发挥党政监督机关的整体效能。在检察派驻制度领域，人民检察院在乡（镇）检察室之外，增设了诸如税务检察室等其他检察派驻机构，并强调各级人民检察院在加强对检察室的领导和管理的作用，以加强派驻检察制度建设。

第四，纪检监察派驻制度的统一管理改革阶段。在纪检监察派驻制度领域，中央纪委、监察部主要以中央一级的派驻机构为重点进行统一管理改革。主要围绕其领导体制、业务工作、干部管理等方面进行统一管理改革的试点、实施与修正，全面细化了派驻机构的联系机制、权限内容与干部管理规则，以切实加强对驻在单位的党委、行政领导班子及其成员的监督，深入开展中央与国家机关党风廉政建设和反腐败工作。在检察派驻制度领域，人民检察院积极探索派驻街道、乡镇、社区派出检察室建设，把法律监督的触角延伸到基层，实现检察工作重心下移，切实畅通群众诉求渠道，进而加强人民检察院基层建设。

第五，纪检监察派驻制度的全覆盖派驻改革阶段。在纪检监察派驻的制度领域，中央纪委国家监委在强化中央一级的纪检监察派驻机构建设的同时，也鼓励地方深化地方纪检监察派驻机构改革，并将国有企业和高等学校等作为重点监督对象；主要围绕垂直管理领导体制、内外部的联动协调机制、监察官管理与保障等方面持续深化纪检监察派驻体制改革，加强规范化、法治化、正规化建设，实现新时代纪检监察派驻工作高质量发展。在检察派驻制度领域，人民检察院在派驻检察室的基础上增加了“特定区域的人民检察院”作为省级、市级人民检察院的派出机构，持续扩充检察派驻机构建设。

纪检监察派驻制度通过对所有国家权力机关和国家工作人员、各级党组织和党员进行经常性的监督，从而依次达到“贯彻执行”与“服务建设”双重目标，目标呈递进关系。

第一，贯彻执行。纪检监察派驻机构以监督检查为主要手段，推进党内章程、党中央的路线方针政策与国家法律法规、政策的全面实施，抵制在贯彻实施中一切违反国家法律与党内纪律的腐败现象，从而促进国家权力、党内权力的廉洁化建设。政务院在1952年12月27日，决定在省级以上各级政府财经机关、国营财经企业部门设立监察室，首次确立了行政监察领域的派驻制度。其设置的目的是为加强对省（市）以上各级政府财经机关与国营财经企业部门及其工作人员的监督检查，保障国家政策、法律、法令、方针、计划、决议、命令的贯彻执行。[①] 1962年9月27日，中国共产党第八届中央委员会第十次全体会议通过的《中共中央关于加强党的监察机关的决定》首次确立了党内监察派驻制度。其强调的目的是为了实现党的各级监察委员会对同级国家机关的党员的监督工作的加强。[②] 2022年6月22日，《纪检监察机关派驻机构工作规则》第五条也强调，派驻机构应当持续聚焦党风廉政建设、全面从严治党与反腐败工作。

第二，服务建设。派驻机构通过推进国家法律与党内纪律的贯彻实施，进而为国家各方面建设而服务。从制度创立初期的“经济

---

① 参见《省（市）以上各级人民政府财经机关与国营财经企业部门监察室暂行组织通则》(1952年)，已废止。

② 参见《中共中央关于加强党的监察机关的决定》(1962年9月27日)《中央监察委员会工作细则》(1962年11月24日)，载中央档案馆，中共中央文献研究室编：《中共中央文件选集（一九四九年十月～一九六六年五月）（第42册）》，人民出版社2013年版，第322－325页；中央档案馆，中共中央文献研究室编：《中共中央文件选集（一九四九年十月～一九六六年五月）（第41册）》，人民出版社2013年版，第51－53页参见中央纪委国家监委研究室编：《中国共产党党风廉政建设百年纪事》，中国方正出版社2021年版，第159页。

建设”到现在的“经济建设、政治建设、文化建设、社会建设和生态文明建设五位一体”。1954 年，哈尔滨铁路稽核局的监察派驻经验的目的是为监督铁道系统有效且质量良好地完成国家所给予的运输任务和基本建设任务。[①] 1985 年 5 月 25 日，中共中央纪律检查委员会决定设立派驻金融系统纪律检查组，其目的是加强金融系统党的纪律检查工作，排除和纠正不正之风的干扰，是贯彻执行国家金融政策，促进经济体制改革和四化建设的重要保证。[②] 2022 年 6 月 22 日，《纪检监察机关派驻机构工作规则》第 2 条规定，派驻机构工作要充分发挥促进完善发展、监督保障执行的作用。随着党的十八大所确立的发展方向以及经 2018 年宪法修正，国家建设已经由 1978 年十一届三中全会确立的“以经济建设为中心”转变为“经济建设、政治建设、文化建设、社会建设和生态文明建设五位一体”。

“民族所自有之政治制度，亦包融于其民族之全部文化机构中而自有其历史性”，“正谓其依事实上问题之继续而演进”，[③] 因此“任何一国之政治，必与其国家自己传统文化民族哲学相诉合”。[④] 研究纪检监察派驻制度，须会通与此制度相关的一切史实来研究，并探明此制度背后的一套思想与一套理论。[⑤] 在经验科学范畴，诸多经验命题具有“验证可能性”或“确认可能性”，可透过经验事实的验证方法，验证或确认其“真理性”，而纪检监察派驻的历史资料无疑是有效的经验资料。[⑥]

我国拥有极其灿烂的古代文明，其中就包括了中国古代的监察文明。我国古代监察制度发轫于西周时期，成型于秦汉时期，丰富于明清时期，既包括职掌巡视纠弹的御史体系，也包括谏诤封驳的

---

① 参见《铁道部人民监察局工作条例》(1954 年)，已废止。

② 参见《中央纪律检查委员会关于派驻金融系统纪律检查组的决定》(1985 年 5 月 15 日)，载中共中央纪律检查委员会办公厅编：《1921—2000 中国共产党党风廉政建设文献选编》(第八卷)，中国方正出版社 2001 年版，第 136—138 页。

③ 钱穆：《国史大纲（下册）》，商务印书馆 1994 年版，第 911 页。

④ 钱穆：《政学私言》，九州出版社 2016 年版，第 1 页。

⑤ 钱穆：《中国历史研究法》，生活·读书·新知三联书店 2013 年版，第 31—32 页。

⑥ 参见杨仁寿：《法学方法论》，中国政法大学出版社 1999 年版，第 40 页。

谏官体系，经历了台谏分置、台谏相辅、台谏合一的体系演变，对古代国家权力运行发挥了约束与限制的功效。[①] 从某种程度来说，在中国古代大一统的中央集权理念下，地方御史制度很大程度上可看作中央监察权的派驻制度。“惟借过去乃可认识现在，亦惟对现在有真实之认识，乃能对现在有真实之改进。故所贵于历史智识者，又不仅于鉴古而知今，乃将为未来精神尽其一部分孕育与向导之责也。”[②] 纪检监察派驻制度建设“须立足于历史精神与道统传承”[③]，才可在新时代中国式现代化发展道路上全面提升制度功效。在我国目前持续深化国家监察体制的大背景下，如何有效汲取古代监察派驻制度的精华，是需要继续研究的课题。

① 参见张晋藩：《中国古代监察法的历史价值——中华法系的一个视角》，载《政法论坛（中国政法大学学报）》2005 年第 6 期；张晋藩：《中国古代监察机关的权力地位与监察法》，载《国家行政学院学报》2016 年第 6 期；张晋藩：《中国古代监察思想、制度与法律论纲——历史经验的总结》，载《环球法律评论》2017 年第 2 期；张晋藩：《中国古代的治国之要——监察机构体系与监察法》，载《中共中央党校学报》2018 年第 5 期；赵晓耕：《中国传统御史监察制度的经验教训》，载《环球法律评论》2017 年第 2 期；张生：《中国古代监察制度的演变：从复合性体系到单一性体系》，载《行政法学研究》2017 年第 4 期；周伟：《监察机关派驻监督体制机制的完善》，载《现代法学》2020 年第 6 期。

② 钱穆：《国史大纲（上册）》，商务印书馆 1994 年版，第 2 页。

③ 胡云：《风宪再造：钱穆政治思想中的监察权理论》，载《政治思想史》2020 年第 4 期。

参考文献

一、著作

[1]《中国共产党党章汇编》，人民出版社 1979 年版。

[2]《中国共产党第十二次全国代表大会文件汇编》，人民出版社 1982 年版。

[3] 中共中央文献研究室编：《十三大以来重要文献选编（上）》，人民出版社 1991 年版。

[4] 中共中央文献研究室编：《十三大以来重要文献选编（中）》，人民出版社 1991 年版。

[5] 中共中央文献研究室编：《十五大以来重要文献选编（下）》，人民出版社 2003 年版。

[6] 中共中央文献研究室编：《十六大以来重要文献选编（上）》，中央文献出版社 2005 年版。

[7] 中共中央文献研究室编：《十六大以来重要文献选编（中）》，中央文献出版社 2006 年版。

[8] 中共中央文献研究室编：《十八大以来重要文献选编（上）》，中央文献出版社 2014 年版。

[9] 中共中央文献研究室编：《十九大以来重要文献选编（上）》，中央文献出版社 2019 年版。

[10] 中共中央文献研究室编：《十九大以来重要文献选编（中）》，中央文献出版社 2021 年版。

[11] 中央档案馆，中共中央文献研究室编：《中共中央文件选集（一九四九年十月～一九六六年五月）（第 41 册）》，人民出版社 2013 年版。

[12] 中央档案馆，中共中央文献研究室编：《中共中央文件选

集（一九四九年十月～一九六六年五月）（第 42 册）》，人民出版社 2013 年版。

[13] 中共中央纪律检查委员会办公厅编：《1921－2000 中国共产党党风廉政建设文献选编》（第八卷），中国方正出版社 2001 年版。

[14] 中共中央纪律检查委员会、中华人民共和国国家监察委员会法规室编写：《〈中华人民共和国监察法〉释义》，中国方正出版社 2018 年版。

[15] 中央纪委国家监委研究室编：《中国共产党党风廉政建设百年纪事》，中国方正出版社 2021 年版。

[16] 纪委办公厅，中央纪委研究室编：《党的十四大以来中共中央纪律检查委员会历次全会工作报告汇编》，中国方正出版社 2005 年版。

[17] 中共中央组织部党建研究所编：《党的建设大事记》，党建读物出版社 2018 年版。

[18] 刘宋斌，余炳荣，林代昭等：《人事监察》，中国劳动出版社 1990 年版。

[19] 杨仁寿：《法学方法论》，中国政法大学出版社 1999 年版。

[20] 徐喜林：《纪检监察派驻机构统一管理体制机制的建立完善与创新研究》，中国方正出版社 2008 年版。

[21] 李雪勤主编：《中国共产党纪律检查工作 60 年（1949－2008）》，中国方正出版社 2009 年版。

[22] 钱穆：《中国历史研究法》，生活·读书·新知三联书店 2013 年版，

[23] 林来梵：《从宪法规范到规范宪法——规范宪法学的一种前言》，商务印书馆 2017 年版。

[24] 秦前红，叶海波：《国家监察制度改革研究》，法律出版社 2018 年版。

[25] 马怀德：《中华人民共和国监察法理解与适用》，中国法

制出版社 2018 年版。

[27] 秦前红：《监察法学教程》，法律出版社 2019 年版。

[28] 秦前红：《监察改革中的法治工程》，法律出版社 2020 年版。

[29] 张利生：《派驻监督实践略论》，中国方正出版社 2020 年版。

[30] 贾利亚：《派驻监督工作手册——一位派驻纪检监察组组长的观察视角》，中国方正出版社 2020 年版。

[31] 童建明，万春：《中国检察体制改革论纲》，中国检察出版社 2008 年版。

[32] [德] 卡尔·拉伦茨：《法学方法论》（第六版），黄家镇译，商务印书馆 2020 年版。

[33] 秦前红，刘怡达：《〈监察法实施条例〉解读与适用》，法律出版社 2021 年版。

[34] 陈宏彩：《地方纪检监察派驻机构制度创新研究》，中国社会科学出版社 2016 年版。

二、期刊

[1]《全国人民代表大会常务委员会关于设立中华人民共和国监察部的决定》，1986 年 12 月 2 日第六届全国人大常委会第十八次会议通过，载《中华人民共和国国务院公报》1986 年第 33 期。

[2] 习近平：《高举中国特色社会主义伟大旗帜　为全面建设社会主义现代化国家而团结奋斗——在中国共产党第二十次全国代表大会上的报告》，载《求是》2022 年第 21 期。

[3]《中央纪委派驻机构历史发展大事记》，载《中国纪检监察》2015 年第 24 期。

[4] 尉健行：《坚定信心加大力度深入推进党风廉政建设和反腐败斗争——在中共中央纪律检查委员会第四次全体会议上的工作报告》（2000 年 1 月 12 日），载《中国监察》2000 年第 2 期。

[5] 尉健行：《加大治本力度狠抓工作落实取得反腐败斗争的

新成效——在中共中央纪律检查委员会第五次全体会议上的工作报告》(2000 年 12 月 25 日),载《中国监察》2001 年第 2 期。

[6] 尉健行:《以“三个代表”重要思想为指导贯彻党的十五届六中全会精神取得党风廉政建设和反腐败斗争的新成果——在中共中央纪律检查委员会第七次全体会议上的工作报告》(2002 年 1 月 23 日),载《中国监察》2002 年第 3 期。

[7] 吴官正:《坚持用“三个代表”重要思想指导党风廉政建设和反腐败工作 为全面建设小康社会提供政治保证——在中国共产党中央纪律检查委员会第三次全体会议上的工作报告》(2004 年 1 月 11 日),载《中国监察》2004 年第 2 期。

[8] 吴官正:《全面履行党章赋予的职责,进一步加大防治力度,不断开创党风廉政建设和反腐败工作新局面——在十六届中央纪委六次全会上的讲话》(2006 年 1 月 5 日),载《中国监察》2006 年第 3 期。

[9] 吴官正:《拓展从源头上防治腐败工作领域,深入推进党风廉政建设和反腐败斗争——在十六届中央纪委七次全会上的讲话》(2007 年 1 月 8 日),载《中国监察》2007 年第 4 期。

[10] 王岐山:《聚焦中心任务 创新体制机制 深入推进党风廉政建设和反腐败斗争——在中国共产党第十八届中央纪律检查委员会第三次全体会议上的工作报告》(2014 年 1 月 13 日),载《中国纪检监察》2014 年第 3 期。

[11] 王岐山:《依法治国 依规治党 坚定不移推进党风廉政建设和反腐败斗争——在中国共产党第十八届中央纪律检查委员会第五次全体会议上的工作报告》(2015 年 1 月 12 日),载《中国纪检监察》2015 年第 2 期。

[12] 王岐山:《全面从严治党 把纪律挺在前面 忠诚履行党章赋予的神圣职责——在中国共产党第十八届中央纪律检查委员会第六次全体会议上的工作报告》(2016 年 1 月 12 日),载《中国纪检监察》2017 年第 2 期。

[13] 王岐山:《推动全面从严治党向纵深发展 以优异成绩迎

接党的十九大召开——在中国共产党第十八届中央纪律检查委员会第七次全体会议上的工作报告》（2017 年 1 月 6 日），载《中国纪检监察》2017 年第 2 期。

[14] 赵乐际：《以习近平新时代中国特色社会主义思想为指导，坚定不移落实党的十九大全面从严治党战略部署——在中国共产党第十九届中央纪律检查委员会第二次全体会议上的工作报告》（2018 年 1 月 11 日），载《中国纪检监察》2018 年第 2 期。

[15] 赵乐际：《忠实履行党章和宪法赋予的职责　努力实现新时代纪检监察工作高质量发展——在中国共产党第十九届中央纪律检查委员会第三次全体会议上的工作报告》（2019 年 1 月 11 日），载《中国纪检监察》2019 年第 4 期。

[16] 赵乐际：《坚持和完善党和国家监督体系　为全面建成小康社会提供坚强保障——在中国共产党第十九届中央纪律检查委员会第四次全体会议上的工作报告》（2020 年 1 月 13 日），载《中国纪检监察》2020 年第 5 期。

[17] 赵乐际：《推动新时代纪检监察工作高质量发展　以优异成绩庆祝中国共产党成立 100 周年——在中国共产党第十九届中央纪律检查委员会第五次全体会议上的工作报告》（2021 年 1 月 22 日），载《中国纪检监察》2021 年第 7 期。

[18] 赵乐际：《运用党的百年奋斗历史经验推动纪检监察工作高质量发展　迎接党的二十大胜利召开——在中国共产党第十九届中央纪律检查委员会第六次全体会议上的工作报告》（2022 年 1 月 18 日），载《中国纪检监察》2022 年第 5 期。

[19] 黄红平，吴世丽：《基层纪检监察派驻机构统管模式比较及其改革路向》，载《廉政文化研究》2014 年第 1 期。

[20] 过勇：《中国纪检监察派驻制度研究》，载《国家行政学院学报》2014 年第 2 期。

[21] 陈振：《纪检监察派驻机构查办案件工作的难点及改革对策》，载《求实》2015 年第 4 期。

[22] 马怀德：《国家监察体制改革的重要意义和主要任务》，

载《国家行政学院学报》2016 年第 6 期。

［23］张晋藩：《中国古代监察机关的权力地位与监察法》，载《国家行政学院学报》2016 年第 6 期。

［24］童之伟：《将监察体制改革全程纳入法治轨道之方略》，载《法学》2016 年第 12 期。

［25］秦前红：《困境、改革与出路：从“三驾马车”到国家监察——我国监察体系的宪制思考》，载《中国法律评论》2017 年第 1 期。

［26］秦前红：《监察体制改革的逻辑与方法》，载《环球法律评论》2017 年第 2 期。

［27］秦前红：《全国人大常委会授权与全国人大授权之关系探讨——以国家监察委员会为研究对象》，载《中国法律评论》2017 年第 2 期。

［28］秦前红，刘怡达：《监察全面覆盖的可能与限度——兼论监察体制改革的宪法边界》，载《甘肃政法学院学报》2017 年第 2 期。

［29］张晋藩：《中国古代监察思想、制度与法律论纲——历史经验的总结》，载《环球法律评论》2017 年第 2 期。

［30］赵晓耕：《中国传统御史监察制度的经验教训》，载《环球法律评论》2017 年第 2 期。

［31］江国华：《国家监察体制改革的逻辑与取向》，载《学术论坛》2017 年第 3 期。

［32］朱福惠：《国家监察体制之宪法史观察——兼论监察委员会制度的时代特征》，载《武汉大学学报（哲学社会科学版）》2017 年第 3 期。

［33］韩大元：《论国家监察体制改革中的若干宪法问题》，载《法学评论》2017 年第 3 期。

［34］马岭：《关于监察制度立法问题的探讨》，载《法学评论》2017 年第 3 期。

［35］张生：《中国古代监察制度的演变：从复合性体系到单一

性体系》，载《行政法学研究》2017 年第 4 期。

［36］陈光中，邵俊：《我国监察体制改革若干问题思考》，载《中国法学》2017 年第 4 期。

［37］马岭：《监察委员会的设立与人大制度的完善及宪法修改》，载《苏州大学学报（法学版）》2017 年第 4 期。

［38］王旭：《国家监察机构设置的宪法学思考》，载《中国政法大学学报》2017 年第 5 期。

［39］马岭：《监察委员会与其他国家机关的关系》，载《法律科学》2017 年第 6 期。

［40］马岭：《论监察委员会的宪法条款设计》，载《中国法律评论》2017 年第 6 期。

［41］秦前红：《国家监察体制改革宪法设计中的若干问题思考》，载《探索》2017 年第 6 期。

［42］刘艳红：《监察委员会调查权运作的双重困境及其法治路径》，载《法学论坛》2017 年第 6 期。

［43］陈光中，姜丹：《关于〈监察法（草案）〉的八点修改意见》，载《比较法研究》2017 年第 6 期。

［44］孙煜华：《构建与监察改革相适应的职务犯罪侦查法治模式》，载《法学》2017 年第 7 期。

［45］童之伟：《国家监察立法预案仍须着力完善》，载《政治与法律》2017 年第 10 期。

［46］刘艳红，夏伟：《法治反腐视域下国家监察体制改革的新路径》，载《武汉大学学报（哲学社会科学版）》2018 年第 1 期。

［47］李洪雷：《论我国监察机关的名与实》，载《当代法学》2018 年第 1 期。

［48］秦前红：《我国监察机关的宪法定位——以国家机关相互间的关系为中心》，载《中外法学》2018 年第 3 期。

［49］尹奎杰，刘立刚：《中国共产党纪检监察派驻制度的发展过程与完善》，载《中共杭州市委党校学报》2018 年第 3 期。

［50］魏昌东：《〈监察法〉与中国特色腐败治理体制更新的理

论逻辑》，载《华东政法大学学报》2018 年第 3 期。

[51] 陈光中，兰哲：《监察制度改革的重大成就与完善期待》，载《行政法学研究》2018 年第 4 期。

[52] 冯留建，张伟：《习近平新时代监察思想探析》，载《齐鲁学刊》2018 年第 4 期。

[53] 姜明安：《论监察法的立法目的与基本原则》，载《行政法学研究》2018 年第 4 期。

[54] 张晋藩：《中国古代的治国之要——监察机构体系与监察法》，载《中共中央党校学报》2018 年第 5 期。

[55] 蒋来用：《有关派驻监督的几点探讨》，载《理论探索》2018 年第 5 期。

[56] 江国华，何盼盼：《中国特色监察法治体系论纲》，载《新疆师范大学学报（哲学社会科学版）》2018 年第 5 期。

[57] 董娟：《中国纪检监察派驻制度的梳理与追溯——从派出、派驻到纪检监察派驻》，载《甘肃理论学刊》2018 年第 6 期。

[58] 鲁文：《派驻与派出监察机构有何区别——设置方式、职责权限不同》，载《中国纪检监察》2018 年第 20 期。

[59] 秦前红，刘怡达：《国家监察体制改革的法学关照：回顾与展望》，载《比较法研究》2019 年第 3 期。

[60] 秦前红，石泽华：《新时代法律监督理念：逻辑展开与内涵阐释》，载《国家检察官学院学报》2019 年第 6 期。

[61] 周磊，陈洪治：《新时代派驻监督体制改革：内容、成效与展望》，载《河南社会科学》2019 年第 6 期。

[62] 常瑞：《派驻监督的理论与实践》，载《中共山西省委党校学报》2019 年第 6 期。

[63] 王冠，任建明：《纪检监察派驻制度的演进、逻辑与改革建议》，载《科学社会主义》2019 年第 6 期。

[64] 黄晓辉，傅丹丹：《地方各级纪委监委“派驻机构”改革思考》，载《广西社会科学》2019 年第 7 期。

[65] 郑智超，赵绪生：《新中国成立 70 年来派驻监督的历程、

经验与启示》，载《理论导刊》2019 年第 11 期。

[66] 吕永祥：《习近平关于国家监察体制改革的重要论述及其时代价值》，载《北京航空航天大学学报（社会科学版）》2020 年第 5 期。

[67] 赵晓耕，刘盈辛：《中国传统御史监察制度的反思》，载《武汉大学学报（哲学社会科学版）》2020 年第 6 期。

[68] 颜杰峰，唐锡康：《党的纪检监察派驻制度的历史脉络及其经验启示》，载《毛泽东邓小平理论研究》2020 年第 7 期。

[69] 徐小庆：《完善党和国家监督体系的创举——国家监察体制改革的回溯与展望》，载《政治学研究》2021 年第 4 期。

[70] 王若磊：《论监察体制的制度逻辑》，载《法学评论》2021 年第 4 期。

[71] 唐皇凤，杨洁：《中国共产党百年纪检监察领导体制的历史演变与基本经验》，载《治理研究》2021 年第 4 期。

[72] 张震，廖帅凯：《习近平法治思想中的监察法治思维体系论》，载《重庆大学学报（社会科学版）》2021 年第 4 期。

[73] 孙展望，陈瑞：《习近平法治思想中的监察法治理论》，载《时代法学》2021 年第 4 期。

[74] 桂梦美，王思涵：《治理视域下纪检监察派驻机构改革：原则、职责和评估》，载《河北法学》2021 年第 4 期。

[75] 王建国：《习近平法治思想中关于监察法治论述研究》，载《学习论坛》2022 年第 1 期。

[76] 王小光：《纪检监察研究学术史（1978－2021）》，载《地方立法研究》2022 年第 1 期。

[77] 秦小建：《监察体制改革促进监督体系贯通的逻辑与路径》，载《法商研究》2022 年第 2 期。

[78] 石泽华，彭国亮：《高校纪检监察体制改革的法治逻辑和推进路径》，载《中国法律评论》2022 年第 2 期。

[79] 陈松友，张蕾：《中国共产党党内派驻监督的三重逻辑》，载《甘肃社会科学》2022 年第 3 期。

[80] 徐鹤喃，张步洪：《检察机关组织机构设置探析》，载《人民检察》2007年第2期。

[81] 李哲：《中国检察机关组织机构设置研究——以各国检察机关组织机构设置模式为基础》，载《中国刑事法杂志》2010年第9期。

[82] 胡常龙：《走向理性化的派驻检察室制度》，载《政法论丛》2016年第3期。

[83] 闻志强：《论检察机关组织结构改革——以检察机关领导体制与内设机构为视角》，载《西南交通大学学报（社会科学版）》2016年第4期。

[84] 李华伟：《派驻公安执法办案管理中心检察机制研究——侦查监督的中国路径探索》，载《国家检察官学院学报》2020年第2期。

[85] 刘计划，段君尚：《检察机关派驻公安机关模式研究》，载《中国人民大学学报》2020年第2期。

[86] 梁鸿飞：《国家治理体系中的检察机关——组织环境与法理构造》，载《法学家》2020年第4期。

三、报纸

[1]《中共中央同意并转发中纪委意见逐步撤销国务院各部门纪检组和中纪委派驻纪检组》，载《人民日报》1988年8月1日第1版。

[2]《关于一九五五年监察工作的任务和具体工作的报告——一九五五年四月七日在第四次全国监察工作会议上》（1955年4月7日），载《人民日报》1955年6月13日第2版。

[3]《进一步加强人民监察工作》（1954年5月8日），载《人民日报》1954年5月8日第1版。

四、网站

[1] 中央纪委国家监委驻民政部纪检监察组网站，http：//zb-

jjz. mca. gov. cn/article/zzjg/。

[2] 中华人民共和国国务院财政部网站，http：//zbjc. mof. gov. cn/guanyuwomen/zhongyaozhineng/。

[3] 中央纪委国家监委网站，https：//www. ccdi. gov. cn/toutiaon/202201/t20220123 _ 166398. html。

[4] 最高人民检察院网站，https：//www. spp. gov. cn/zdgz/201903/t20190303 _ 410060. shtml。

附　录

附表一：国家监察派驻制度重要规范文件列表

序号	时间	规范名称
1	1950年10月24日	《政务院人民监察委员会试行组织条例》
2	1951年9月8日	《各级人民政府人民监察委员会设置监察通讯员试行通则》
3	1951年10月25日	《大行政区人民政府、人民监察委员会试行组织通则》
4	1951年10月25日	《省（行署、市）人民政府、人民监察委员会试行组织通则》
5	1951年10月25日	《县（市）人民政府、人民监察委员会试行组织通则》
6	1952年12月27日	《省（市）以上各级人民政府财经机关与国营财经企业部门监察室暂行组织通则》
7	1953年7月31日	《各级人民政府人民监案机关设置人民监察通讯员通则》
8	1954年6月24日	《铁道部关于推广原中长铁路监察（稽核）工作的经验和建立人民监察局的报告》
9	1954年6月24日	《政务院人民监察委员会关于第三次全国监察工作会议的报告》
10	1954年7月10日	《政务院关于在铁道部建立人民监察局和加强监察工作的决定》
11	1954年7月10日	《铁道部人民监察局工作条例》
12	1954年12月17日	《监察部关于调整地方各级监察机构及其有关事项的指示》

续表

序号	时间	规范名称
13	1955年10月10日	《国务院关于批准施行“监察部关于中央和地方财经部门国家监察机关组织设置及对现有监察室（局、司）进行调整的方案”的通知》
14	1955年11月2日	《中华人民共和国监察部组织简则》
15	1956年1月6日	《监察部关于派驻县监察组若干工作问题的指示》
16	1956年6月11日	《国务院批转监察部关于对人民监察通讯员调整设置和加强领导的报告的通知》
17	1957年8月30日	《监察部关于国家监察机关处理公民控诉工作的暂行办法》
18	1957年11月22日	《国务院批准监察机关体制改进方案的报告的通知》
19	1959年4月28日	《第二届全国人大第一次会议关于撤销司法部、监察部的决议》
20	1986年12月2日	《全国人民代表大会常务委员会关于设立中华人民共和国监察部的决定》
21	1987年8月15日	《国务院关于在县以上地方各级人民政府设立行政监察机关的通知》
22	1988年3月	《关于中央国家机关行政监察机构设置和人员编制方案的报告》
23	1988年5月11日	监察部《中华人民共和国监察机关调查处理政纪案件试行办法》
24	1988年5月19日	《国务院关于监察部设置派出机构的批复》
25	1988年10月	《关于监察部派出机构的领导体制及有关工作关系的几点意见》
26	1997年5月9日	《行政监察法》
27	2004年10月1日	《行政监察法实施条例》
28	2005年3月24日	《中共中央纪委监察部关于加强和改进行政监察工作的意见》
29	2018年3月20日	《监察法》
30	2021年8月20日	《监察官法》
31	2021年7月20日	《监察法实施条例》

附表二：党内纪检派驻制度重要规范文件列表

序号	时间	规范名称
1	1956年5月	《中央监察委员会关于兼职监察员任务的通知》
2	1962年9月27日	《中共中央关于加强党的监察机关的决定》
3	1962年11月24日	《中央监察委员会工作细则》
4	1962年12月28日	《党的监察工作人员守则（草案）》
5	1962年12月28日	《中央监察委员会常驻各中央局、国务院所属各部门监察组试行工作条例（草案）》
6	1979年1月26日	《中共中央纪律检查委员会关于工作任务、职权范围、机构设置的规定》
7	1983年3月1日	《中央纪律检查委员会关于健全党的纪律检查系统加强纪检队伍建设的暂行规定》
8	1984年9月8日	中共中央办公厅转发中央纪律检查委员会《关于纪律检查机关组织建设几个问题的请示》的通知
9	1984年11月2日	《中央纪律检查委员会、中央组织部关于执行中办发〔84〕33号文件中几个问题的补充通知》
10	1984年12月20日	《中央纪律检查委员会关于未列入中管干部职务名称表的省、自治区、直辖市纪委和中央国家机关各部门纪检组领导干部任免手续的通知》
11	1985年5月15日	《中央纪律检查委员会关于派驻金融系统纪律检查组的决定》
12	1987年7月29日	《中央纪律检查委员会关于对党员干部加强党内纪律监督的若干规定（试行）》
13	1988年5月12日	《中央纪律检查委员会中国共产党纪律检查机关案件检查工作条例（试行）》
14	1991年4月23日	《中央纪律检查委员会关于中央纪委派驻纪检组和各部门党组纪检组（纪委）若干问题的规定》（试行）
15	1992年4月17日	《中共中央纪委、中共中央组织部关于省、自治区、直辖市纪委和中央、国家机关各部门纪检组（纪委）领导干部任免审批程序的通知》

续表

序号	时间	规范名称
16	1993年1月7日	《关于中央纪委、监察部机关合署办公和机构设置有关问题的请示》
17	1993年2月20日	《中共中央、国务院批转中央纪委、监察部〈关于中央纪委、监察部机关合署办公和机构设置有关问题的请示〉的通知》
18	1993年5月18日	《中央纪委、监察部关于中央直属机关和中央国家机关纪检、监察机构设置的意见》
19	1993年	《中央纪委、监察部关于中央纪律检查委员会、监察部派驻纪检监察机构和人员编制的通知》
20	1994年8月5日	《中共中央纪委、监察部驻民政部纪检组、监察局职能配置、内设机构和人员编制方案》
21	1994年2月2日	《中共中央纪律检查委员会机关、监察部职能配置、内设机构和人员编制方案》
22	2000年9月4日	《中共中央纪律检查委员会、中共中央组织部、中共中央机构编制委员会办公室、监察部关于加强中共中央纪委、监察部派驻纪检、监察机构管理的意见》
23	2003年8月4日	《中央纪委、监察部关于中共中央纪委、监察部派出机构统一管理试点业务工作管理暂行办法》
24	2003年8月4日	《关于中共中央纪委监察部派出机构统一管理试点干部管理暂行办法》
25	2003年12月31日	《中国共产党党内监督条例（试行）》
26	2004年4月5日	《中央纪委、中央组织部、中央编办、监察部关于对中央纪委监察部派驻机构实行统一管理的实施意见》
27	2004年3月26日	《中央纪委、监察部派驻机构专项办案经费管理暂行办法》
28	2004年4月1日	《中央纪委、监察部派驻机构干部管理工作暂行办法》
29	2004年4月1日	《中央纪委、监察部派驻机构业务工作管理暂行办法》

续表

序号	时间	规范名称
30	2004年7月19日	《驻国家体育总局纪检组监察局落实派驻机构统一管理工作实施方案》
31	2005年3月	《中央纪委、监察部对统一管理的派驻机构加强管理和服务的意见》
32	2006年4月6日	《中央纪委、监察部关于中共中央纪委派驻纪检组履行监督职责的意见》
33	2007年7月23日	《中央纪委、监察部派驻机构工作汇报暂行办法》
34	2007年7月23日	《中央纪委、监察部向派驻机构通报情况暂行办法》
35	2008年8月	《中央纪委、监察部关于加强和改进派驻机构工作的若干意见》
36	2013年11月12日	《中共中央关于全面深化改革若干重大问题的决定》
37	2014年6月30日	《党的纪律检查体制改革实施方案》
38	2014年12月31日	《中共中央关于加强中央纪委派驻机构建设的意见》
39	2015年3月26日	《中央纪委派驻纪检组组长、副组长提名考察办法（试行）》
40	2015年11月20日	《中共中央关于全面落实中央纪委向中央一级党和国家机关派驻纪检机构的方案》
41	2018年6月2日	《中共中央关于纪委国家监委派驻机构政革方案》
42	2018年10月21日	《中共中央关于深化中央纪委国家监委派驻机构改革的意见》
43	2019年9月	中央纪委国家监委《关于推进中管企业纪检监察体制改革的实施意见》实施管理办法（试行）
44	2022年1月23日	《中央纪委国家监委关于深化中管高校纪检监察体制改革的意见》
45	2021年10月	《中央纪委国家监委关于进一步加强纪律监督、监察监督、派驻监督、巡视监督统筹衔接的意见》
46	2022年6月2日	《纪检监察机关派驻机构工作规则》

附表三：检察派驻制度重要规范文件列表

序号	时间	规范名称
1	1949 年 9 月 27 日	《中央人民政府组织法》
2	1949 年 12 月 20 日	《中央人民政府最高人民检察署试行组织条例》
3	1951 年 9 月 4 日	《中央人民政府最高人民检察署暂行组织条例》
4	1951 年 9 月 4 日	《各级地方人民检察署组织通则》
5	1954 年 9 月 21 日	《中华人民共和国人民检察院组织法》
6	1979 年 7 月 1 日	《中华人民共和国人民检察院组织法》
7	1989 年 2 月 20 日	《人民检察院乡（镇）检察室工作条例（试行）》
8	1993 年 4 月 22 日	《人民检察院乡（镇）检察室工作条例》
9	1993 年 7 月 23 日	《最高人民检察院政治部关于整顿各类检察室的通知》
10	1998 年 6 月 12 日	《关于搞好组织整顿加强干部人事管理若干问题的通知》
11	2009 年 2 月 27 日	《2009—2010 年基层人民检察院建设规划》
12	2010 年 10 月	《关于进一步加强和规范检察机关延伸法律监督触角，促进检力下沉的指导意见》
13	2011 年 3 月	《关于进一步加强和改进人民检察院基层建设的意见》
14	2019 年 1 月 1 日	《中华人民共和国人民检察院组织法》修订